SV

Band 1147 der Bibliothek Suhrkamp

Sechs Nächte auf der Akropolis schildert einen Kreis junger Leute, die 1925 in Athen überschwenglich und ratlos nach ihrem Ort im Leben suchen. Der Roman des griechischen Nobelpreisträgers Giorgos Seferis (1900-1971) ist bestimmt von Gespräch und Reflexion. Andererseits enthält er das Zeugnis eines jungen Dichters, der auf der Suche nach sich und seiner Sprache ist. Beides verbindet sich in einer Rahmengeschichte, die kurze, ganz unterschiedlich gestimmte Texte zwanglos in sich aufnimmt.

Giorgos Seferis

Sechs Nächte auf der Akropolis

Roman

Herausgegeben und mit einem
Nachwort versehen von
Asteris Kutulas
Aus dem Griechischen übersetzt
von Asteris und Ina Kutulas

Suhrkamp Verlag

Titel der 1974 erschienenen Originalausgabe:
Exi nichtes stin Akropoli
Die erste deutsche Übersetzung von Ines Papatheodorou
erschien 1984 in Athen.

Erste Auflage 2020
Suhrkamp Verlag Berlin

Umschlag: Willy Fleckhaus
Satz: MZ-Verlagsdruckerei GmbH, Memmingen
Printed in Germany
ISBN 978-3-518-242-612

... trattando l'ombre come cosa salda.

Dante, Purg. XXI, 136.

Erste Nacht

STRATIS erhob sich vom Tisch und trat ans Fenster. Es war Nachmittag, noch früh. Der Wind hatte die Wolken auseinandergerissen. Stratis setzte sich wieder und notierte im Heft, das er aufgeschlagen hatte liegen lassen:

»*Mittwoch, März.* – Zum ersten Mal in Griechenland erinnerte ich mich heute der Himmel des Kreters Domenico.«

Als er abermals aufstand, stürzte die Kaffeetasse voller Zigarettenkippen vom Tisch und ging zu Bruch. Ohne einen Blick darauf zu werfen, stellte er sich wieder ans Fenster und verharrte dort lange Zeit; ab und zu trommelte er mit den Fingern gegen die Scheibe. Als ihm die Taubheit aus dem Hirn bis in die Beine gekrochen war, kehrte er an den Tisch zurück und schrieb im Stehen:

»Die Kaffeetasse fiel runter und zerbrach – seltsam, es hat mir überhaupt nichts ausgemacht.«

Dann ging er aus dem Haus und schlenderte bis zum Sindagma-Platz.

Dort traf er Nikolas, Nondas und Kaliklis. Sie spielten Gerade-oder-Ungerade. Der Pistazienverkäufer, ein hochaufgeschossener Alter mit würdigem, ergrautem Schnurrbart, erzählte, er sei früher sehr reich gewesen und habe alles an der Börse verloren. Die Freunde dem Spiel hingegeben. Stratis verfolgte eine Zeitlang ihre Handbewegungen, dann lief er weiter zur Akademias-Straße.

Ein leichter Wind ging; es war frisch. Eine herausgeputzte Dame, die ihn überholte, packte ihn mit ihrem Duft an der Gurgel; ihn wunderte, daß sie ihn nicht um Verzeihung bat. Zielsicher und erleuchtet fuhren die Straßenbahnen dahin. Die kleinen Autobusse, dreizehn sitzende Seelen, ein Fahrer und ein Schaffnerlein, am Ende des Wagens festgeklammert, rannten gleich großen Kakerlaken. Ihre Namen: »Katinchen«, »Ach je«, »Paktolos«, »So will ich's«, »Püppchen«, »Nordpol«, »Kydonia«, »Schönes Hellas«. Während Stratis sich mühsam ihre Taufnamen einzuprägen suchte, stieß er auf einen Kichererbsenverkäufer, der mit einem kleinen glutheißen Ofen vor dem Bauch herumlief. Stratis murmelte ein paar Worte, kaufte für zwei Drachmen versöhnende Kirchererbsen, in den Augen Tränen vom Rauch, der aus der winzigen Esse stieg. Die Kichererbsen steckte er in die Hosentasche; sie waren heiß. Beim Gehen brannten sie auf der Haut. Vielleicht darum wurde ihm genau in dem Moment, als er den Kanigos-Platz betrat, klar, wie einsam er war in Athen. Sein Blick wanderte zum Himmel. Auf einer von Ausschlag entstellten Mauer, zwischen anderen Reklamen, verkündeten fette Buchstaben:

EINE H... ZUR KAISERIN

Stratis lief etwas schneller Richtung Acharnon-Straße und klopfte um acht an Salomes Tür. Er traf sie im mikroskopisch kleinen Salon an, vertieft in ein Gespräch mit einem Herrn und einer Dame, die älter war als sie, mit sehr dunklem Haar, mittelgroß, über die Maßen beleibt, mit dicken Knöcheln und einem Mund, so klein wie das Mundstück einer Pfeife. Auch Lala war da; sie sagte aber nichts. Als Stratis eintrat, erklärte die Dame gerade, mit flinken Bewegungen des Zeigefingers und Daumens den Schnabel eines Hahns nachahmend, wie die Kehle einer Sängerin funktioniert. Der Schnabel blieb offen stehen; Stratis fragte:

– Sie singen?

– Ja, in Deutschland habe ich Gesang *und* Literatur studiert. Sie, glaube ich, schreiben. Was schreiben Sie denn?

Stratis fand, daß das Licht in Salomes Salon zu schwach war.

– Ich würde gern Gedichte und Essays schreiben, sagte er leise, als sei man aufdringlich geworden.

Auf dem Gesicht der Dame machte sich Enttäuschung breit:

– Wer befaßt sich schon mit Lyrik, heutzutage. An deren Stelle ist der Roman getreten. Haben Sie sich daran schon versucht?

Stratis war zumute, als stünde er am Pranger. Salome schenkte den anderen Mastika ein; der Herr blickte finster; Lala bewegte sich hinter einer Milchglasscheibe. Stratis antwortete sehr zögernd, stockend:

– Versucht habe ich es, aber ich glaube, ich kann nicht erzählen. Und, noch schlimmer, nicht beschreiben. Ich habe stets den Eindruck, daß bereits die Benennung einer Sache deren Existenz sichert. Was sie darstellt, wird sie selbst offenbaren, durch ihr Tun. Deshalb, glaube ich, verlieren die Worte ihr Gewicht, lösen sich auf unter der Spitze der Feder, sobald ich versuche, etwas zu beschreiben. Und wie sollte man ein Buch ohne Beschreibungen füllen können?

Die Dame reagierte befremdet oder nervös:

– Aber wenn diese Sache nun kein Mensch ist; sondern, nehmen wir an, eine Landschaft, ein lebloser Gegenstand – einer, besser gesagt, der nichts tut –, wie verstehen wir ohne Beschreibung, worum es geht?

– Mir scheint, alles, was existiert, handelt, antwortete Stratis.

Diese Aussage läutete seltsam in seinen Ohren, als sei sie von einem Fremden; Stratis lachte.

Salome musterte die beiden mit schrägen Blicken. Die Dame meinte, Stratis wolle sie verspotten; sie entgegnete spitz:

– Und sind Sie der Meinung, das die Spielchen der Dichterlinge irgendeine Bedeutung haben?

– Kunst ist ein hartes Brot, sagte Stratis trocken, und viele scheitern. Aber ich weiß keine andere Möglichkeit, meiner Ergriffenheit Ausdruck zu verleihen.

Vor lauter Verachtung war der Mund der Dame jetzt unglaublich winzig:

– Wer schert sich schon um Ihre bescheidene Ergriffenheit! Wirkliche Dichtung kann allein der Prophet schaffen, der der Welt zu einem neuen Glauben verhilft.

– Mir scheint, antwortete Stratis, daß es sich damit anders verhält. Ich denke, ganz im Gegenteil, wenn es jemandem ge-

lingt, seiner Ergriffenheit, die er durch die Welt erfährt, wahrhaft Ausdruck zu verleihen, wird das dann den anderen helfen, den Glauben, dessen sie bedürfen, nicht zu verlieren.
– Und welcher Ergriffenheit? Jeder?
– Ich denke, jeder.
– Also haben Sie keine Weltanschauung?
– Meine Weltanschauung wird sich offenbaren, falls es jemanden danach verlangt, sobald meine Arbeit abgeschlossen ist.
– Das bedeutet, das Pferd vom Schwanz aufzuzäumen, antwortete die Dame. Schrecklich, daß es immer noch junge Leute gibt, die so denken, auch heutzutage noch; HEUTZUTAGE.
Wieder entfernten und näherten sich Daumen und Zeigefinger, durchschnitten Schnüre und Fäden, schnitten Bänder auf die Länge des Wortes *heutzutage* zu. Die Dame schnaufte und fragte Stratis:
– Sie kennen Longomanos?
– Ganz flüchtig; er schreckt mich ab. Ein- oder zweimal, da ich ihn sah, hatte ich den Eindruck, er spräche, auf einem gedachten Stuhl stehend.
Salomes schräge Blicke mehrten sich, je länger die Unterhaltung dauerte. Unerwartet platzte sie dazwischen:
– Endlich mal was Unterhaltendes.
– Wahrscheinlich, meine Liebe, sagte die Dame, zutiefst beleidigt, charakterisiert dies den Griechen, der niemanden über sich anerkennt. So sind wir; wir hatten einen mächtigen König, und den schickten wir zum Sterben ins Exil.
Der Herr in der anderen Ecke rauchte und folgte dem Gespräch mit geringschätziger Gleichgültigkeit. Ab und an schaute er zu Lala hoch, riß dabei jedesmal den Mund auf und stieß Rauch aus. Jetzt sagte er:
– Ein gedachter Stuhl; ein Stuhl also, den ich malen würde.
– Ja, Fustos, erwiderte Salome, so wie Marigo, die du deinem Ödipus malst, eine gedachte Sphinx ist.
– Genau, antwortete Herr Fustos.
Marigo fühlte sich geschmeichelt und beruhigte sich.

– Geht es mit dem Bild voran? fragte Salome, wirst du auch Iokaste malen?
– Keinesfalls; das Gemälde, das die Universität in Auftrag gab, trägt den Titel »Ödipus und die Sphinx«.
– Schade! meinte Salome, ich fände es schön, du würdest Iokaste in ihrem Bett malen und hoch oben im Moskitonetz Ödipus und die Sphinx, als sähe sie die beiden im Traum.
– Tatsächlich, warf Lala ein, der Traum ist die Tragödie.
Das waren die einzigen Worte, die sie verlauten ließ. Sie war nervös, zupfte ihren Rock zurecht und versank in einer Wolke, in der das ruhige Morgendämmern ihres Gesichts herrschte.
– Du verstehst, meine Liebe, setzte Herr Fustos hinzu, ein solches Werk würde die Universität auf keinen Fall akzeptieren. Und außerdem fürchte ich, daß dieser neumodische Kram, der sowieso schon ausgeleiert ist, dir den Kopf verdreht hat.
– Aber ich finde, erwiderte Salome, Ödipus ist ein Mensch, der sich Sorgen macht, die das Weib Iokaste, hingegeben ihrem Alptraum in der Hitze der thebanischen Nacht, sehr gut spiegeln könnte, während er auf diesem Weib liegt.
Ihr Blick wanderte durch das Zimmer und verlor sich:
– Ja, macht ihr euch denn keine Sorgen? fragte sie, als gingen ihre Worte ins Leere.
– Also, was ich mache, ist ernsthafte Kunst, und ich denke, dabei bleib ich, antwortete Herr Fustos. Wenn sie dich amüsieren, schenk ich sie dir, all diese Labilen; ich schenke dir sogar den Greco, den man in letzter Zeit mit viel Tamtam zu ihrem Ahnherrn erhebt.
Es trat Stille ein. Er zündete sich eine weitere Zigarette an; löschte vorsichtig das Streichholz, blies den Rauch zu Stratis hin und fragte diesen:
– Mögen Sie El Greco?
– Theotokopoulos ist eines meiner Probleme, sagte Stratis. Noch wissen wir nicht, welche Bedeutung er für Griechenland haben wird.
– Er war krank, meinte Herr Fustos mit einer wegwerfenden

Geste. Inzwischen ist wissenschaftlich erwiesen, daß er solche länglich-dürren Körper malte, weil er einen Leberschaden hatte.
Stratis verlangte es danach, etwas zu zerbrechen; so zerbrach er den Holzspießer einer Olive, den er in der Hand hielt; nur Salome bemerkte es.
– Die Wahrheit ist, entgegnete er bedächtig, daß er noch einen anderen schwerwiegenden Makel hatte; er war unsozial.
– Unsozial? fragten Frau Marigo und Herr Fustos wie aus einem Mund.
– Weil er jenes Krankenhaus von Toledo woanders plaziert hat, sagte Stratis kühl.
– Welches Krankenhaus?
– Das des Don Juan Taverra.
Eisiges Schweigen. Nur Salome murmelte:
– Tatsächlich; und was wird aus den Kranken?
– Nicht nur das, Frau Salome, sagte Stratis. Das Furchtbare ist, daß all die aus Toledo vertriebenen Kranken nach Griechenland gekommen sind – Krüppel und Irre, alle zusammen lungern sie jetzt auf der Straße herum. Wie sollen wir ihrer Herr werden bei so vielen Flüchtlingen?
Stratis' Stimme klang unverhältnismäßig schrill. Herr Fustos drückte hektisch seine Zigarette aus und erhob sich. Auch Frau Marigo stand auf.
– Ich muß zu dir ins Atelier kommen, sagte Salome zu Fustos, es gefällt mir, etwas anzuschaun, bevor es fertig ist.
– Aber sicher, sicher; vereinbare was mit Marigo.
Frau Marigo drehte sich um und verabschiedete sich von Stratis.
– Gute Nacht, Frau Sphinx, sagte er zu ihr.
Ihr schmeichelte das:
– Hier spricht der Dichter. Im Ernst, ich kann Ihnen nur raten, Longomanos zu studieren. Er ist jetzt in Tibet. Sobald er zurück ist, gebe ich Ihnen Bescheid, damit Sie ihn näher kennenlernen.

– Und von mir bekommen Sie einen gedachten Stuhl, sagte Salome lachend.
Sie gingen hinaus. Nur Lala blieb. Salome hakte sie fürsorglich unter. Stratis schickte sich an, Abschied zu nehmen.
– Ist meine Freundin nicht schön? fragte Salome ihn und schob ihr Kinn über deren Schulter.
Lalas Augen schimmerten wie Pappelblätter.
– Das ist sie, sagte Stratis, und sie versteht zu schweigen; besäße ich diese Gabe, hätte ich euch nicht den Abend verdorben.
Er ging fort. Der Gehsteig war holprig; er strauchelte. Die Wolken hatten den Himmel geräumt; am Tag des Vollmonds.  Stratis holte ein Blatt Papier aus der Tasche und notierte:
»Unsere Füße verfangen sich in den Fäden, die unsere Herzen verbinden.«
Dann kehrte er nach Hause zurück.

STRATIS:

Donnerstag

In aller Frühe ein Traum. Ich war im Dorf, vor unserem Haus; damals. Düsterer Tag; mir war, als existiere ringsum kein einziges menschliches Wesen. Ich sah aufs Meer, und mein Blick folgte dem winzigen Raddampfer, der rückwärts fuhr, um an der Mole von Monopetro festzumachen. Es war wohl zwei Uhr mittags; die gewohnte Stunde. Mich befiel eine unbestimmte Erregung, so als müßte ich nach etwas suchen, das verlorengegangen war. Während ich mir den Dampfer ansah, dessen gesamte Längsseite (ich entsinne mich noch der Farben, des bewölkten Himmels, der Gischt, die an den Rädern aufschäumte), entdeckte ich auf der kleinen Kommandobrücke F., die sich dort anlehnte. Ich konnte sie nicht deutlich genug erkennen, *fühlte* aber ihr braunes Haar, als würde ich eine schwere Last in die Höhe stemmen. Als das Schiff wieder abfuhr, schreckte die Ungeduld mich auf.

Mir scheint, daß ich dieses Heft schon Jahre nicht mehr in die Hand genommen habe. Seit ich nach Athen zurückkehrte bis zum Herbst vergangenen Jahres versuchte ich, es weiterzuführen, soweit mir das möglich war, für F., als Hilfe auf dem Weg, den ich in der Heimat suchte. Das stieß mich noch mehr zu mir selbst hin. So ließ ich es bleiben. Wurde zu einer finsteren Flora von Gefühlen und Sinnen, verwildert. Mußte entweder aufhören oder zugrunde gehen. Außerdem schreibt F. nicht mehr; da habe auch ich aufgehört zu schreiben: Und wie soll es anders sein; *keiner* trat an meine Stelle.

Es überraschte mich nicht, daß die Leute von gestern mich nicht weiter kümmerten. Ihre Torheit schien mir eine logische Folge meiner Gedanken zu sein.

Freitag

... »Eitle Prachtliebe, Bühnenspiele, Herden von Klein- und Großvieh, Fechterspiele – ein Knochen unter die Hunde, ein Brocken in einen Fischbehälter geworfen, die mühsame Lastträgerei der Ameisen, das Hinundherlaufen erschrockener Mäuse, GLIEDERPUPPEN, AN EINEM DRAHT HERUMGEZERRT. Mitten in diesem Getriebe nun muß man freundlich und leidenschaftslos dastehen und erkennen, daß jeder Mensch denselben Wert hat wie die Gegenstände seiner Bemühungen.«
Versuch zu beschreiben, *was immer es sei*, so oft wie möglich, um zu üben – wohlwollend, nicht leidenschaftslos.

Sonnabend

Volksstamm, Atavismen, Griechenland; das alles habe ich schon einmal durchgekaut; unerträglicher Schmerz.

Der Tölpel, Roman. Die Handlung inspiriert von folgendem Abschnitt aus Baltasar Graciàns Buch, in dem ich gestern vor dem Einschlafen las: »Unbeholfene Menschen ereilt für gewöhnlich oft das Unglück, den falschen Beruf, die falschen Freunde, die falsche Wohnung zu wählen.«

Das Tragische daran ist, daß sie nicht wählen können.

Sonntag

Vor Tagesanbruch schlug ich die Augen auf. Ein Mond aus Seidenpapier auf die Fensterscheibe geklebt; Tränen des Morgens: veilchenblaue Stunde: veilchenblau – antik – griechisch; bittrer Geschmack beim Erwachen; fader Geschmack der Unsicherheit; abscheulich. Ich schreite über das schmale Ufer, das meinem Wunsch zu weinen gleicht. An jenem Abend wartete sie auf mich im Nebel; außer in London war er nirgendwo sonst so dicht. Sie trug ein dunkles Kleid mit einer roten Schärpe, die ständig verrutschte; dauernd rückte sie sie zurecht; ich sagte zu ihr: »Die Wunden des blutenden Nebels ...«

Montag

Folgendes bekam ich heute von einem Emigranten zu hören: Vertrieben, flüchteten sie sich auf eine griechische Insel. Läden, Häuser, Türen, Fenster, alles wurde augenblicklich dichtgemacht. Er und seine Frau mitten in der Herde. Der Säugling hatte sechs Tage keine Nahrung bekommen; er weinte, schrie lauthals. Die Frau bettelte um Wasser. In einem der Häuser erbarmte man sich ihrer schließlich: »Einen Franken das Glas.« Und der Vater fährt fort: »Was sollte ich machen, Herr Stratis? Ich spuckte meinem Kind in den Mund, um seinen Durst zu stillen.«

Dienstag

»Ich bitte nur um dies: Meine Jungen, wenn sie erwachsen werden, bestraft sie, Athener, und quält sie, wie ich euch quälte, wenn euch scheint, daß sie sich für Geld oder für irgend etwas anderes noch vor der Tugend interessieren. Und wenn sie glauben, sie seien wer, ohne jemand zu sein, schmäht sie, wie ich es mit euch gemacht, weil sie nicht vermögen, das Richtige zu wählen, und weil sie glauben, daß sie etwas sind, obwohl sie vollkommen unwürdig sind. Und wenn ihr so handelt, werdet ihr gerecht sein, mir und meinen Söhnen gegenüber. Es ist Zeit, daß wir gehen; ich, um zu sterben, und ihr, um zu leben. Wer von uns den besseren Weg geht, weiß Gott allein.«

In Griechenland hat es stets zwei Gruppierungen gegeben: die des Sokrates und die des Anytos und seiner Gefolgschaft. Die erste bringt dem Land Ruhm; die zweite unterstützt sie, in negativer Weise. Doch wie es jetzt scheint, hat nur die zweite überlebt – die erste ist wie vom Erdboden verschluckt, für immer und ewig.

Mittwoch

Am Morgen beginne ich plötzlich zu schluchzen, während ich einige total lächerliche Verse lese. Ich weiß nicht, was die Kunst bezweckt; bestimmt nicht *dieses* Ergriffensein.

Donnerstag

Heute nachmittag das Gefühl, mein Denken hätte mein Hirn völlig entleert, und an die Stelle des Denkens seien zwei Fremde getreten, die miteinander redeten und sich stritten, um mein Schicksal zu entscheiden.

Sonnabend

Gestern abend mit Nikolas. Wir streunten umher. Er ist sicher der sympathischste von allen, die ich seit meiner Rückkehr kennengelernt habe. Seltsam; daß dieser Mensch, der in einem winzigen Dorf Kleinasiens geboren wurde und aufwuchs, solch eine kritische Verstandesschärfe entwickeln konnte. Er studierte an einer Universität in der französischen Provinz Mathematik, als er sich wegen der Kleinasiatischen Katastrophe gezwungen sah, aufzuhören. Er liest viel, will sagen, er liest und denkt. Sein Verhältnis zur Literatur erinnert an einen Mechaniker, der eine Maschine zerlegt und sie neu zusammensetzt, das Innere außen anbringt. Er hat eine Art, die Analogien zu ändern, daß dadurch die zartesten und edelsten Dinge monströs werden, und die monströsen bemitleidenswert; das ist sein Humor. Man hat den Eindruck, er beobachte von einem uns allen unbekannten Punkt. Nie spricht er von sich oder seiner Familie.

Auf dem Sindagma-Platz; eine Menge Leute drängte sich vor dem Büro der kooperierenden politischen Parteien. Soldaten, schwer bewaffnet, Feuerwehrmänner, bereit, ihre Wasserspritzen einzusetzen, leere Worte und lauter Schwachsinn, bei dem sich einem der Magen umdreht. Ein Kerlchen brüllte vom Balkon herunter: »Meine Gefühle, liebe Mitbürger, sind Ihnen bekannt ...« Nikolas packte meinen Arm und sagte:

– »Ein Gesetz erließ Krutagos, Bulgariens Zar ...«
Er wirkte ulkig, als er versuchte, einen bestimmten Konsonanten besonders zu betonen. Zwei, drei Zuhörer hinter uns machten »psssssst!«. Wir verließen den Platz und setzten uns ins »Zacharatos«, schwiegen; Nikolas stierte auf sein Wasserglas. Plötzlich sagte er:
– »Le silence éternel de ces espaces infinis m'effraie ...«
Er lachte; nie weiß man, was sein Lachen zu bedeuten hat, aber jedesmal ist es gütig und ungekünstelt.
– Daran dachte ich, als der dort auf dem Balkon seine Reden schwang, und ich fühlte, daß in den Spritzen ein stilles Wasser steht, das durch eine plötzliche emotionale Dissonanz zu wogen beginnt und zu einer über uns hereinbrechenden Sintflut werden kann.
– Nach der nationalen Katastrophe müßten unsere Politiker eine Olympiade des Schweigens veranstalten, sagte ich zu ihm.
– Die Nation, der unbekannte Soldat, erwiderte er, das ist es, genau genommen, was der dort auf dem Balkon verlauten ließ.
Er hielt inne, änderte den Tonfall und fragte mich unvermittelt:
– Erinnerst du dich?
Ich versuchte mich zu erinnern. Er kramte aus seiner Tasche ein zerknittertes Stück Zeitung, strich es auf der Platte des kleinen Tisches glatt und las hastig:
– »Meine Gefühle, liebe Mitbürger sind Ihnen bekannt: Liebe – Ergriffenheit – Agonie – Abenteuer – Reichtum – Salons – Dancing – Intrigen – Qualen – Attraktion – Luxus – Tragödie – Schmerz – Tränen – Paläste – Moden – Eine Woche Wollust – Kino SPLENDID.«
Wir spazierten noch ein Weilchen herum, und als wir uns verabschiedeten:
– Diesen Zeitungsausschnitt werde ich Salome geben, für den Entwurf des Statuts unseres Freundeskreises.

– Welcher Freundeskreis?
– Ach, du weißt nichts davon! Frau Salome meint, daß wir viel zu weit voneinander entfernt sind und daß wir zusammenfinden sollten.
– Und was meinst du? fragte ich amüsiert.
– Ich meine, erwiderte er, daß das ein mathematisches Problem ist; die These, also die Ausgangskonstellation, habe ich gefunden, jetzt suche ich nach der Lösung. Die These ist folgende …
Er kramte wieder in seiner Tasche, zog ein Papier heraus, ging damit zu einer Straßenlaterne und las vor:
– Sie müssen zusammenfinden: »Les êtres étendus qui sentent, les êtres étendus qui sentent et qui pensent, les êtres pensants qui n'ont point d'étendue, ceux qui se pénètrent, ceux qui ne se pénètrent pas …«
– Was ist das? fragte ich.
– *Mikromegas*, antwortete er und wünschte mir gute Nacht.

Sonntag, abends

Ich wartete an der Haltestelle Agios Loukas, so, wie sie es gewollt hatte. Wir liefen in Richtung Galatsi und weiter zur Schönen Kirche. Mir gefällt ihr Gang – und spricht in welcher Sprache; noch weiß ich es nicht. Manchmal beißt sie sich fest an einem meiner Sätze, macht zwei, drei gymnastische Bewegungen und bleibt ein paar Schritte vor mir stehen, überrascht und hochmütig, würde ich sagen. Manchmal bin ich beeindruckt, daß sie sich an völlig unwichtige Sachen erinnert, die ich gesagt habe.
– Attikas japanische Finesse, hatte ich einmal ihr gegenüber geäußert.
– Ich zweifelte nicht daran, daß Ihnen unser Ausflug gefallen würde. Nach jenem unseligen Abend hatte ich bei Ihnen etwas gutzumachen.
– Ich habe mich trotzdem amüsiert.
– Auch mit Marigo?

– Ach so! Mit Frau Sphinx!
Sie lachte:
– Sie hat auch ihre guten Seiten: Obwohl sie arbeiten geht, erklärte sie sich bereit, für das Ödipus-Bild Modell zu sitzen. In Athen findet man selten ein gutes Modell; die Menschen ziehen sich nur ungern aus. Man hat den Eindruck, jedes Knopfloch sei mit einem verlorengegangenen Schlüssel zugeschlossen worden. Wenn ich sie alle so mißgelaunt sehe, kommt es mir vor, als suchten sie die verlorenen Schlüssel, und es sind so viele ...
– Und hat Frau Sphinx ihre nicht verloren?
– Nein, in Deutschland war sie Anhängerin der Freikörperkultur.
Wir betraten die kleine byzantinische Kirche. Ausgekratzt die Augen der an die Wand gemalten Heiligenfiguren, entstellte Gesichter; gleich Totenschädeln. Draußen, ringsum, Hütten und Katen. Tauben mit zerzausten Federn; Perlhühner und Truthähne; eine Ziege mit schwarzer Weste.
– Das teilnahmslose Volk, flüsterte ich.
Salome wies auf einen jungen Mann, der rauchte und die Asche seiner Zigarette demonstrativ mit dem kleinen Finger abklopfte, weil ein geschminktes, gut gebautes Mädchen, das ihn anredete, auf seinen Ring aufmerksam werden sollte. Sie fragte mich:
– Und dieses Volk ist nicht teilnahmslos? Ich hab es jedenfalls über.
– Ich dachte nicht, daß Sie so sind, sagte ich.
– Ich bin ja auch nicht *so*. Nur ziehe ich die Ziege jenem Schönling mit dem großen Klunker vor.
Sie ging zu dem Tier und streichelte es. Auf dessen schwarzer Schürze wirkte ihre Hand wie aus Email.
Auf dem Rückweg brach die Nacht über uns herein. Sie erzählte aus ihrem Leben, ungefähr so: Rumänien, einige Jahre Frankreich, hier. Dann hielt sie plötzlich inne:

– Versuchen Sie wirklich, Ihrer Ergriffenheit Ausdruck zu verleihen?
Das überraschte mich.
– Es scheint so, sagte ich.
Sie blieb stehen, in Gedanken versunken:
– Schwer; sehr schwer; und, wie Sie einmal formulierten: *unanständig*. Ja, mir scheint, es ist unanständiger, wenn ich meine Ergriffenheit offenbare, als wenn ich meinen Körper entblöße.
Wieder änderte sie den Tonfall:
– Werden auch Sie am Donnerstag kommen?
– Auch ich? Wer denn noch?
Sie zählte auf:
– Nikolas, Nondas, Kaliklis, Sphinx, Lala, Salome; Gründung des Freundeskreises; hat Ihnen Nikolas das nicht gesagt?
– Ach, ja, der *Mikromegas*, antwortete ich; er sprach vom Problem des Zusammenfindens.
Sie klatschte in die Hände:
– Nikolas ist der bedeutendste von euch; wir gehen ins Kino.
– Und was wird gespielt?
– *Der Verstorbene Mathios Paskalis.*
– So! Was wissen Sie denn über ihn, fragte ich zerstreut.
– Gar nichts; wer soll das sein?
– Ein Mensch, der gestorben ist und doch nicht starb.
– Auch gut. Wenigstens ist er nicht ganz gestorben, sagte Salome, diesen Film werden wir sehen.

Dienstag

Gestern besuchte ich Nondas; er las Claudel. Ich fragte ihn:
– Wirst du auch zum Freundeskreis gehören?
Er schaute mich an, als sei ich eine seltsame Erscheinung; ich fragte erneut:
– Bist du auch der Meinung, daß wir viel zu weit voneinander entfernt sind, daß wir zusammenfinden sollten?

Wieder schaute er mich an, verblüfft, als wäre er eben vom Himmel gefallen, und er sagte, beinah ernst:
– Das, was uns nicht zusammenfinden läßt, ist, daß in diesem Land das Gefühl von Schuld verlorenging. Wie will man da vorankommen? Das allein läßt schließlich den Menschen über sich hinauswachsen.
Und dann, überraschend:
– Gehst du ins Bordell?
– Ich bin, glaube ich, nur zweimal dort gewesen, antwortete ich. Das erste Mal, als ich das Gymnasium beendet hatte, und das zweite Mal, viel später, aus Solidarität mit einem Freund. Leider muß ich feststellen, daß ich mir solche Sachen viel zu sehr zu Herzen nehme.
– Ich gehe regelmäßig, sagte er; einen Augenblick Wollust, und an den anderen Tagen habe ich damit zu tun, für meine Sünde zu bezahlen. Welch ein Golgatha!
– Warum heiratest du nicht? fragte ich.
– Es würde mir schwerfallen, immer mit derselben, mir sicheren, Frau zu leben: mein Leben hätte keinen Reiz.
– Dann nimm dir eine Freundin.
– Aber das wäre nicht zum Aushalten, widersprach er; so ein Lotterleben würde mich wahnsinnig machen. Außerdem mag ich keine Skandalgeschichten.
– Willst du damit sagen, daß dir eine Freundin keine Zeit ließe, um für deine Sünden zu bezahlen?
– Mag sein, es ist so.
Stille trat ein; er brach das Schweigen:
– Siehst du, das ist der Zweck der Religion – den Menschen nicht in Ruhe zu lassen.
– Und ich dachte, sie könnte uns den Seelenfrieden garantieren.
– Ich kann mir nicht vorstellen, daß du mich um meinen Seelenfrieden beneidest ... Hast du Pascal gelesen?
– Ja, hab ich.
– Und?

– Ich weiß nicht; einmal kam mir in den Sinn, daß ein so feuriges Herz auch ohne den Gott Abrahams mit genau derselben Flamme gebrannt hätte.

– Welch ein Unsinn, entgegnete Nondas seufzend. Das Christentum hat den Menschen die Bedeutung des Schmerzes beigebracht; ich meine das disziplinierte Christentum; nicht das, was wir daraus gemacht haben.

– Das ist genau der Punkt, sagte ich, mit dem ich Schwierigkeiten habe. Mir scheint, das Dem-Schmerz-Bedeutung-Beimessen kann weder von dem einen noch vom andern vereinnahmt werden.

– Von dem einen oder andern, rief er aus, als wolle er mich vor etwas bewahren. So redest du über die Kirche?

– Ich achte die Kirche, und ich bitte dich, nötige mich nicht, darüber zu diskutieren, erwiderte ich. Allerdings kann ich diese riesige Mauer nicht akzeptieren, die besagt: hier drinnen leiden die Menschen und vermenschlichen immer mehr, und die draußen leiden und winseln gleich Hunden und Katzen. Hast du Thukydides gelesen? Erinnerst du dich an die Athener in den Steinbrüchen Siziliens? Diese Menschen kannten Euripides auswendig; waren sie Tiere, als sie litten? Hatten sie mehr vom Tier als dieser Hohlkopf von Professor der Philosophischen Fakultät, der nach Christus geboren ist?

– Du bist sehr weit vom Thema abgekommen, sagte Nondas beschwichtigend.

– Mag sein; aber kannst du mir sagen, warum ich damals, als ich in der Fremde lebte, in meinem Zimmer, in das nie ein Sonnenstrahl fiel, ohne Heizung, als ich es vor Kälte nicht mehr aushielt, den Sechsten Gesang der Ilias las und mir einbildete, es hilft? Nein, damit meine ich nicht etwa die Szenerie und die Schönheit der Dichtung, sondern jene Wärme, jene von Bitterkeit erfüllte Wärme, mit der über des Menschen Schicksal berichtet wird; dieses Gefühl von Menschlichkeit, das man fast berühren, aber nie bestimmen kann, und das man trotzdem so sehr für das eigene hält, in der Seele eines Fremden, den wir

Homer nennen. Und warum, bitte schön, darf dieser Homer nicht mal in die Hölle kommen, sondern nur durch den Limbus irren, allein mit seiner Sehnsucht, ohne Hoffnung, ohne Gemeinschaft, wie wir heute sagen würden, wohingegen jener widerwärtige Hohlkopf es darf? Das ist die Frage.
Ich war in Fahrt. Er antwortete, jetzt noch strenger:
– Du hast also nicht vergessen, was in unseren Schulbüchern stand. Ich kann sie nicht mehr sehen. Die Antwort, die ich auf deine Frage habe, ist, daß Hektor, wenn er mit Andromache schlief, nicht die Probleme hatte, mit denen ich mich herumschlage.
Ich schwieg dazu; ein genüßliches Lächeln machte sich auf seinem Gesicht breit:
– Ich sehe, Salome hat dich beeinflußt; wie ich gehört habe, triffst du sie oft; gefährlich, die Frau; sie denkt nicht daran, sich an Normen zu halten: *amorale*. Daran kannst du sehen, in welcher Situation wir sind; dieses Wort läßt sich nicht ins Griechische übersetzen, also brauchen wir es nicht; seine Bedeutung existiert nicht in unserem Bewußtsein. Und um auf unseren lieben Freundeskreis zurückzukommen – ich würde Salome empfehlen, zuallererst ein Konversationslexikon in Auftrag zu geben, damit wenigstens wir sieben verstehen, was einer zum andern sagt.
Sein Lächeln nahm einen listigen Ausdruck an. Er streichelte mir die Schulter. Dann, als hätte es in seinem Innern gegongt, meinte er, er müsse fort. Wahrscheinlich der Tag, an dem er ins Bordell ging.

DER LETZTE Schatten wich; das Kino war vollgestopft wie ein Sack Rosinen. Das Licht ging an, ein Auflockern setzte sich durch die Reihen fort, und die Menschenmenge strömte über die Gänge auf die Straße. 

Genau in diesem Moment drehte Nikolas, der sich erhoben hatte, seinen Kopf halb herum, streckte den Arm aus, obwohl große Gesten nicht seine Art waren, und sprach:

– Seht! Seht! In achtzig Jahren wird von denen da keiner mehr sein! Doch für den Augenblick – laßt uns essen gehen!

Es schien, als führe er heute das Kommando und könne sich durchsetzen. Zwei Taxis brachten sie zur Taverne, einem Kellerlokal in der Agios-Meletiou-Straße.

Die Sache sah nicht gut aus: Nondas hatte recht. Diese sieben jungen Leute in Athen zur Zeit der Pangalos-Diktatur glichen einem sprachverwirrten Babel. Jeder Ansatz einer Unterhaltung erstickte in persönlichen Bekundungen.

Salome kümmerte sich vor allem um das Glas von Nikolas. Manchmal bewegte sich Lalas Kleid, ganz plötzlich, wie ein Goldfisch. Der Mund der Sphinx glich dem Punkt, der das Weltall abschließt. Nikolas stierte darauf, seufzte, trank sein Glas aus und tat etwas Unglaubliches: Er sprach zusammenhängend. Sagte:

– Liebe Freunde,

Stratis erzählte mir vor kurzem, daß in einem schlauen Buch etwas über einen seltsamen Typen zu lesen war, der die Marotte hatte, Wasserproben von Flüssen zu sammeln. So wie man Briefmarken sammelt.

Salome warf einen Blick auf Stratis, der vor sich hinstarrte. Sie beeilte sich, Nikolas' Glas zu füllen.

Der sprach weiter:

– In den Regalen dieses sonderbaren Menschen waren der Ganges, die Wolga, die Themse, die Seine, die Donau, der Nil usw. usf. zu sehen. In kleinen Flaschen mit Etikett.

Frau Salome hatte die lobenswerte Idee, uns vorzuschlagen, daß wir ab und zu unsere Einsamkeit oder die spezielle Gemeinschaft, in der sich jeder von uns bewegt, verlassen, um einander Gesellschaft zu leisten. Sie möge mir verzeihen, wenn ich bekenne, daß ich den Verdacht hege, sie sei insgeheim mit jenem Sammler, von dem ich erzählte, verwandt.
Tatsächlich muß ich, wenn ich euch so ansehe, den Eindruck gewinnen, daß Frau Salome rund um den Tisch dieses Kellerlokals Fläschchen, die das Wasser verschiedener Flüsse enthalten, aufgestellt hat.
Liebe Freunde; jeder von uns ist ein Fluß, ein unabhängiger Fluß, von seinen Quellen bis hin zu seinen Verzweigungen; ein von der Umwelt isolierter Fluß in einer verschlossenen Flasche.
So stellt sich notwendigerweise eine Frage; eine quälende Frage, die nicht nur unseren kleinen Kreis betrifft, sondern darüber hinaus auf die Eigentümlichkeiten unserer Nation verweist, nämlich die folgende:
Wer wird die eingeschlossenen Flüsse befreien? Wer wird die verkorkten Fläschchen öffnen? Wer, meine Freunde, wird einige Tropfen des Jordan, angenommen, das sei Nondas, mit einigen des Skamandros, angenommen, das sei Stratis, mischen, oder des Brahmaputra, angenommen ... Dieses Werk übersteigt, wie ihr versteht, die menschliche Kraft.
– Ich weiß nur einen, sagte Sphinx, sofern er bereit wäre, das Anarchische in der Natur des Griechen zu akzeptieren.
Kaliklis schien zu erwachen, aber er sprach nicht. Nikolas trank sein Glas aus, Salome füllte es wieder.
– Was mich beschäftigt, meinte er, ist, wie stark der Zusammenhalt in unserem Kreis sein wird, Frau Sphinx; deshalb habe ich Herrn Longomanos nicht mit einbezogen.
– *Herrn* Longomanos! ... erregte sich Sphinx, *Herrn* Longomanos! ... erstaunlich, wie Sie es schaffen, die bedeutenden Probleme zu verniedlichen.

– Trüge ich die Hosen des Gewichthebers Tofalos, würde ich sie auf der Straße verlieren, sagte Nikolas. Nehmen wir an, ich wäre der Sturzbach Kiklovoros ..., aber lassen Sie mich weitersprechen:
An den Herrn Longomanos habe ich, verzeihen Sie, nicht gedacht. Meine Gedanken gingen, entsprechend der Natur der Sache, zu jenem Himmelskörper, der die Gewässer beeinflußt.
Dieser Himmelskörper ist, wie ihr wißt, der Mond.
Eine lichte Böe strich über Lalas Gesicht; sie drehte den Kopf zu Salome, die auf nichts weiter achtete als auf Nikolas. Kaliklis blickte ununterbrochen auf den Mund der Sphinx; vielleicht rief er deshalb so laut aus:
– Laßt uns eine Gesellschaft der Mondanbeter gründen!
– Ich habe, lieber Kli, nicht die Absicht zu schwärzen; sondern einen konstruktiven Plan zu unterbreiten, sagte Nikolas. Und dabei stütze ich mich auf Nondas, der sich mit den positiven Wissenschaften auskennt.
Nondas war gerade dem Sumpf von Hurerei und Sühne, wo er den Helden gespielt hatte, entstiegen:
– Anwesend, meldete er.
Und dann, sich an Kaliklis wendend:

– *Anwesend oder nicht, stets am selben Fleck,*
stets stapfe ich durch denselben »Dreck« ...,

weißt du, was das ist?
– Unsinn, sagte die Sphinx.
– Souris, sagte Kaliklis.
– Gebt euch keine Mühe, sagte Nikolas, es ist Paul-Ambroise.
Er lachte und leerte sein Glas; Salome schenkte abermals nach.
Und weiter:
– Es gibt also einen Himmelskörper, der die Gewässer beeinflußt; den Mond. Um aber sicherzugehen, daß wir unser Experiment unter idealen Bedingungen durchführen, müssen wir

den richtigen Zeitpunkt wählen und einen Ort finden, wo das Mondlicht am intensivsten ist. Und dieser Zeitpunkt ist?
Lala verlor für einen Augenblick die Kontrolle über sich und antwortete:
– Vollmond.
– Bravo, Frau Lala, Sie haben die Lösung gefunden, sagte Nikolas. Jetzt die schwierige Frage: an welchem Ort?
Lala errötete. Sie sah mit großen Augen hinauf zur Glühbirne, die nackt und verstaubt über ihnen hing.
– An welchem? An welchem? fragten die anderen.
Nikolas gab keine Antwort und begann nach etwas zu suchen. Die anderen sahen gespannt zu. Er holte zwei Zigarettenschachteln, Schlüssel, zwei Bleistifte, sein Portemonnaie, einige Zeitungsausschnitte hervor, und legte alles auf den Tisch. Aufgeregt kramte er weiter; war einen Moment entmutigt; und schließlich zog er ganz tief aus einer Brusttasche ein vergilbtes rechteckiges Stückchen Papier; er hielt es mit zwei Fingern in die Höhe und sagte:
– Das ist der Ort. Ich entdeckte ihn heute um zwei Uhr fünfundzwanzig mittags, als ich mit der Straßenbahn nach Hause fuhr. Seht euch das bitte an. Stratis, sei so nett und gib es weiter.
Er reichte Stratis das Papier, als wär es eine Rose. Stratis nahm es, und alle lasen:

EINTRITTSKARTE
für einen nächtlichen Besuch der Akropolis
bei Vollmond.
Drachmen: Zehn (10)

Nikolas sprach weiter:
– Der Ort ist also die Akropolis *bei Vollmond*, wie es auf der Eintrittskarte der Archäologischen Gesellschaft heißt. Ich bin nicht von allein darauf gekommen; es war ein Wink des Schicksals. Deshalb ging dieser Ort mir nicht aus dem Sinn. Mir wurde klar, daß auf der Akropolis soviel Marmor wie nir-

gendwo anders zu finden ist (jedenfalls innerhalb des Aktionsradius von Leuten, die nicht die Möglichkeit haben, sich in die Steinbrüche von Pendeli zu begeben).
Dieser Marmor wird den Mondstrahlen das sein, was den Sonnenstrahlen die Spiegel des Archimedes waren; der Marmor wird sie zwingen, sich auf euch zu richten, ihr verschlossenen Flüsse, mit größtmöglicher Intensität.
Er leerte das Glas; Salome schenkte nach, und er sagte:
– Es gibt aber noch einen weiteren Grund, warum ich denke, daß der Wink des Schicksals nicht trügt. Auf der Akropolis, *bei Vollmond*, werden wir die Energie finden, die unsere Gewässer aufwühlt, daß sie zueinander finden. Und außerdem entdekken wir vielleicht noch eine andere Kraft, die unserem Vorhaben dienlich sein könnte. Die Kraft aus dem Erbe unserer Vorfahren ...
– Ich wußte gar nicht, daß Nikolas ein Redner ist, sagte Lala.
Salome bremste sie. Nikolas sah sie an, lächelte und sprach weiter:
– Obwohl Frau Sphinx aus Lamia stammt und in Mitteleuropa studiert hat; Klis aus Delphi und in Athen studiert hat; Stratis, Klazomener, im vielgerühmten Paris – die anderen von anderswo stammen und andere Seminare besuchten; so ist doch unumstritten, daß der heilige Fels ein Symbol ist, eine Vision, und um diese in unseren zarten kindlichen Gefühlen zu verankern, scheuten unsere Eltern, der hellenische Staat, die Nation, als es sie noch gab, keine Kosten ...
– Aber, warf Sphinx ein, kurz davor, aufzubrausen.
– Ich weiß, ich weiß, beschwichtigte Nikolas, gegen dieses letzte Argument können wesentliche Einwände vorgebracht werden. Gefühlsangelegenheiten sind immer schwieriger Natur und lassen sich meist nicht klären. Deshalb beharre ich nicht unbedingt auf dieser These.
Ich jedenfalls finde für unser Problem keine andere Lösung. Wenn einem von euch etwas Besseres einfällt, höre ich mir gern

an, was er zu sagen hat. Wenn ihr mir jedoch die Ehre erweisen wollt, meinen Vorschlag anzunehmen, müßt ihr euch *heute* entschließen, regelmäßig einmal im Monat nachts bei Vollmond auf die Akropolis zu steigen, wenigstens sechs Monate lang.
– Und wenn sich unser Arzt als Scharlatan entpuppt? fragte Sphinx ungeduldig.
– Sollte er sich als Scharlatan entpuppen, antwortete Nikolas, dann ..., dann schlage ich folgende Grabinschrift für unsere verblichene Gesellschaft vor:

Als unser Schiff aus Lamia abfuhr,
waren wir der eine nur ...,

Stratis, du weißt, wie es weitergeht. Nikolas setzte sich und trank, durstig geworden, sein Glas aus; Salome schenkte nach. Stratis ergänzte murmelnd:

– ... *Kamen wir auf Salamis an,*
blieben wir der eine Mann.

Nikolas lachte kurz auf und wischte sich dabei den Schweiß von der Stirn. Lala fragte:
– Von wem ist das?
– Von dem verblichenen Mathios Paskalis, antwortete Stratis.
– Den wir im Kino gesehen haben?
– Genau der.
Lala schaute Salome mit fragendem Blick an, als wollte sie wissen, ob sie eine Dummheit begangen hatte. Salome sagte:
– Mir gefällt Nikolas' Idee.
Nondas warf ein:
– Das mit dem Mond ist in Ordnung; aber diese klassischen Säulen ertrag ich nicht.
Kaliklis fragte:
– Und warum gehen wir nicht regelmäßig ins Kino? Ein Märchen im Schummerlicht ist, was die Menschen einander

näherbringt. Ich seh mir nächste Woche *Eine Hure zur Kaiserin* an.
Sphinx meinte:
– Kaliklis hat recht; ich gehe mit. Das ist tausendmal besser als die nächtlichen Exkursionen des Herrn Nikolas.
Nikolas wirkte jetzt erschöpft. Er sah auf seine Uhr; dann holte er Luft und sagte:
– In einer Viertelstunde fährt meine letzte Straßenbahn. Ihr müßt euch jetzt entscheiden.
Kaliklis protestierte und schielte aus den Augenwinkeln zu Sphinx hinüber:
– Aber wieso soll sich der verfluchte Mond in mein Seelenleben einmischen?
Es ergoß sich ein Schwall unverständlicher Sätze; alle sprachen auf einmal. Schließlich erhob sich Nikolas und schrie:
– Ich sehe, wir sind uns einig. Laßt uns nachschauen; heute haben wir abnehmenden Mond; holt eure Stifte raus und schreibt:
Erste Nacht, heute in fünfzehn Tagen, Anfang April;
zweite Nacht, Mai;
dritte Nacht, Juni;
vierte Nacht, Juli.
Und jetzt aufgepaßt:
fünfte und sechste Nacht, August – der Monat hat einen doppelten Vollmond, gleich den Brüsten der Aphrodite; möge er euch Glück bringen. Die genauen Termine findet ihr im »Kazamias«; Treffpunkt zehn Uhr abends vor den Propyläen. Gute Nacht.
Er leerte sein Glas und ging eilig fort, ohne sich darum zu kümmern, ob die anderen etwas notiert hatten. Salome nahm die Karaffe, um nachzuschenken. Ihre Hand blieb plötzlich in der Luft stehen, als sie gewahr wurde, daß Nikolas nicht mehr da war.

STRATIS:

Sonnabend

Die Person X. in meinem Roman: Er war mit den Nerven so herunter, daß die Wörter für ihn ihr Gewicht verloren hatten. Auf der Straße schrie er los: »Bringt ihn um!«, nur weil ein nichtsahnender Passant ihn schief angesehen hatte.

Doch ist nicht zwingend, daß sich nur sieben Leute auf der Akropolis treffen, es könnten auch viele sein, unzählbar viele. Auch ist nicht notwendig, daß es alle sechs Nächte dieselben sind. Die Hauptfigur dieses Dramas ist die Akropolis; die anderen sind deren Gliederpuppen; irgendwelche Gliederpuppen – an einem Draht herumgezerrt.

Daß ich daran zurückdenke, wenn das Schicksal mehr Gnade walten läßt, daß ich mich meines jetzigen wundersamen Lebens entsinne! Im Innern ist es ganz und gar zerfressen, und die Erinnerungen kommen und schlingen sich um seinen Stamm wie Efeu – und immer wieder ein anderer Efeu, der an der Luft atmet. Immer wieder habe ich das Gefühl, eine andere Seele wohne in mir.

Sonntagmorgen

Heute abermals Salomes unverwechselbarer Schuhputzer. Abermals mit Bleistift, abermals auf einem zerfledderten Stück Papier, jedoch in einem Umschlag: »Nächsten Sonntag, gleich nach dem Essen, stehe ich für einen ausgiebigen Spaziergang zur Verfügung. Holen Sie mich gegen ein Uhr bei mir zu Hause ab. Sollten Sie Palmsonntag nicht anderswo feiern, geben Sie diesen Umschlag wieder dem Überbringer; sein Name ist Takis.«

– Von wo stammst du, fragte ich.

– Von den Schuhen, die ich putze. Gib mir den Umschlag, die Kunden warten.

– Was denkst du? Soll ich ihn dir geben?

– Wie solltest du nicht? Die Dame hat gesagt, daß du ihn mir gibst.
Er riß ihn aus meiner Hand und polterte die Treppe hinunter.
Wie selten, daß in Athen jemand Telefon hat. Das fällt mir jetzt auf.

*

(Am Abend desselben Tages kam Stratis eilig nach Hause und lief in sein Zimmer. Er stieg auf einen Stuhl und begann seine Bücher der Reihe nach Seite für Seite zu durchsuchen. Als er damit fertig war, zog er die zwei Schubladen aus dem Tisch und kippte deren Inhalt auf das Bett: Hefte, Fotos, Papiere jeglichen Formats. Vieles davon zerriß er. Er stolperte über ein Foto, fing sich ab und schmiß alles wahllos in die Schubfächer zurück. Die Ausbeute seiner Suche waren ungefähr zehn winzig kleine Zettel, mit Bleistift vollgekritzelt. Er las sie durch und legte sie vor sich auf den Tisch wie zum Kartenspielen. Dann setzte er sich und schrieb:)

Sonntag, abends

Also, Salome ist gekommen. Hier, was hinter uns liegt; nichts Schwerwiegendes:

»*Letztes Jahr, Juli, Kifissia.* – Es war etwa halb drei, brütende Hitze. Der Bus, ein ramponiertes Ding, hatte vermutlich keine Stoßdämpfer; die Sitze in kurzem Abstand; die Knie schmerzten. Ich war der einzige Fahrgast, beinah; der andere, ein Mann mittleren Alters, sehr dunkelhäutig, mit fiebrig glänzenden Augen, schien eher Inventar jenes Gefährts zu sein, denn Gottes Geschöpf. Der Chauffeur, hinter dem Lenkrad, erweckte den Eindruck, als sei er seekrank geworden und beuge sich über die Reling. Manchmal hob er den Kopf mit einem Ausdruck von unendlicher Geduld. Wir rollten die Straße hinunter, als wären wir willenlos, über Schlaglöcher hüpfend,

dazu ein Lärm von leeren Blechkisten und Glaswaren, die zerbarsten. Dieser Käfig, auf die Menschheit losgelassen, war so leer, so hohl und so krank, daß mich nach und nach das Gefühl zu beherrschen begann, ich sei an Bord jenes schrecklichen Schiffes, auf das Arthur Gordon Pym gestoßen war.
Wir fuhren; keiner schien uns zu brauchen, bis an der Haltestelle Chalandri jene Frau einstieg, der mich Nondas auf dem Gehweg vor dem Museum vorgestellt hatte – Salome. Sie setzte sich vor mich; ihr kurzgeschnittenes Haar hatte einen warmen Ton, der dem Rot der Kastanie nahekam. Als wollte sie durch das Rückfenster etwas betrachten, was wir hinter uns gelassen hatten, drehte sie sich um und sah mich an. Ich grüßte; in ihren Augen der Ausdruck bitterer Wollust, als sie lächelte. Ich versuchte, mich ihres Nachnamens zu erinnern, als ein Auto, das wie wild hupte, damit wir ihm Platz machten, uns überholte. Es war neu, geschmeidig, strotzend, mit funkelnden Nickelteilen; hinten saß eine sehr elegante Dame. Im Augenblick, da er an uns vorbeigefahren war, streckte der Fahrer, trotz Livree, trotz eleganter Dame und Klasse des Wagens, den Arm aus dem Fenster und verpaßte uns ein kräftiges und unmißverständliches Leck-mich.
Ich empfand tiefe Abscheu; lachte. Salome drehte sich um:
– Das müssen wir hinnehmen, oder?
– Ja, erwiderte ich, um diese Zeit ist in Attika alles erlaubt.
– Erlaubt?
– Es ist die unanständige Stunde.
– Wohnen Sie in Kifissia?
– Ja; und Sie in Chalandri?
– Auch in Kifissia.
Am Sindagma-Platz stieg sie aus.
– Vielleicht sehen wir uns wieder, sagte sie beim Fortgehen.

Auf der Stadiou-Straße die Musikkapelle eines bescheidenen Soldatenbegräbnisses; die Musik lauter Spritzer von unerträglich schrägen Tönen, übertrieben langsam. Neben dem Kutscher des Leichenwagens saß ein kahlköpfiger Leichenbestatter, der, wer weiß warum, ununterbrochen am Daumen lutschte. Neben dem Sarg lief ein Kind, das eine Gitarre trug, deren Saiten gerissen waren; man konnte meinen, es sei verdroschen worden – vielleicht gehörte es auch gar nicht zur Prozession.

Vor der Marmortreppe an der Grünanlage des Sindagma-Platzes lief ich Salome ein weiteres Mal über den Weg. Sie kam von der Amalias-Allee herüber, zusammen mit einem blonden Mädchen, schöner, gut gebauter Körper, in der Blüte seiner Jugend. Als sie mich erblickte, sagte sie ein paar Worte zu ihrer Begleiterin, und beide lachten. Jetzt erschien sie mir kleiner und viel dicker angezogen als im Bus, obwohl sie doch dasselbe Kleid trug.«

»*Letztes Jahr, August, Kifissia.* – Gestern bei Apergis. Nondas, Klis und Salome. Ich saß vielleicht eine Stunde mit ihnen zusammen; hörte Salome nicht ein Wort sagen. Sie sah einmal hierhin, einmal dahin und lächelte ab und zu, als erinnerte sie sich, daß sie nicht allein war. Als wir losgingen, jeder zu sich nach Hause, war sie für einen Augenblick neben mir:
– Erinnern Sie sich an das Leck-mich, das wir uns gefallen lassen mußten?
– Wie könnte ich das vergessen, antwortete ich. Wäre dieser Tag eine Briefmarke, hätte sie Millionenwert.
– Wissen Sie, ich möchte, daß wir uns näher bekanntmachen; ich glaube, Ihnen gefällt die Welt nicht ...
Sie hustete:
– ... Ich denke, morgen, am achten, gegen sechs Uhr, könnte ich Sie hier treffen ... Vielleicht gehen wir ein wenig spazieren ...
Manchmal erinnert mich ihr Gesicht an die *Parisienne* von Knossos.«

»*Letztes Jahr, Anfang September, Kifissia.* – ›Morgen, am achten‹ kam sie mit ihrer Freundin die marmorne Treppe des Sindagma-Platzes herunter: Sie nennt sie Lala; diese wird nicht älter als zweiundzwanzig sein. Sie hat eine gewisse Mattheit im Blick und in den Gliedern; man meint, man müsse ihr die *Finsternis* nehmen; nicht nur den Augen, sondern dem ganzen Körper, vorausgesetzt, man glaubt, daß der Körper zu sehen vermag.

Mir schien, daß Salomes Laune getrübt war – ich weiß nicht; vielleicht war mein Zustand schuld daran. Des Himmels Helle faßte zu dieser Stunde die ganze dem Universum innewohnende Helle, und mir war, als sei ich, inmitten des Lichts, eine Wunde, gewickelt in schwarzes Tuch. In Kokinara betrat Lala die kleine Kirche. Unter den zwei großen Zypressen ein feuchter Tonkrug, an ein Grab gelehnt. Salome hob ihn hoch, kippte ihn und goß ein wenig Wasser auf die Erde – ein Ausweg. Ich sah ihr ins Gesicht; Augen und Lippen, ausdrucksvoll gezeichnet; behend kam sie zu mir. Ich konnte mich nicht bremsen, fragte sie:

– Wer wird uns retten, Frau Salome?

Sie erwiderte:

– Was! Erwarten Sie denn von den anderen, daß die Sie retten?

Lala trat aus der kleinen Kirche, sagte:

– Ich hab mir die Verdammten angesehen.

Salome lachte. Das war alles.«

»*Dieses Jahr, Neujahrstag.* – Ein Schuhputzer überbrachte mir einen winzigen Umschlag. Inhalt: eine einfache Briefmarke und ein vergilbter Zettel, auf den Salome mit Bleistift geschrieben hatte:

›Diese Briefmarke hat keinen Seltenheitswert. Sie könnte ihn aber einmal haben und Millionen kosten. Frohes Neues Jahr.‹

Das war das einzige, was ich heute geschenkt bekam; auch ich machte heute keine Geschenke.«

»*Dieses Jahr, Februar.* – Manchmal denk ich an Salome in Kokinara; an ihre *Erscheinung*; als stünde sie auf der Bühne: halb real und halb Roman – gleich einer Gorgo.«

*

Dienstag

Nikolas lieh mir das Tagebuch von Amiel, den ich nur flüchtig kenne. Ich blätterte es durch und legte es dann beiseite. Sinne über diesen Menschen nach, der Jahr um Jahr über das weiße Papier gebeugt saß, die Feder in die Tinte tauchte und es vollkritzelte, geduldig und hartnäckig – es mit sich selbst vollkritzelte. Ich sinne über ihn nach mit grenzenloser Anteilnahme. Grauenhaft.

Sonnabend

Nach dem Mittagessen auf meinem Zimmer, lesend; durch die offene Tür höre ich eine Kartenlegerin, die fast taubstumm ist; während sie spricht, macht sie ein Geräusch, das einem Brutzeln gleicht, und hat doch große Ausdruckskraft. Ich sagte mir: »Lieber sie als Amiel.« Warum sagte ich das?

Palmsonntag, nachts

Auf Ausflügen ist man mit Salome in bester Gesellschaft; sie ist so klug, draußen kein Parfüm aufzulegen, ist gut zu Fuß und nimmt die Dinge, wie sie kommen; dabei zeigt sich, daß sie Geschmack hat.

Wir fuhren nach Kessariani; eine Menschenmenge hatte das Kloster überschwemmt; beduselte Fratzen, europäisch gekleidete Gestalten, nicht eine markante Physiognomie, nicht ein einziges schönes Gesicht. Mädchen versuchten krampfhaft, spuckefeuchte Zehner auf die Gesichter der Heiligen zu kleben; einigen gelang es; andere musterten enttäuscht die hinabrutschenden Geldstücke. Die Frauen, die ebenfalls dieses Spiel spielten, schnatterten wie bei einer Familienfeier, obgleich sie ununterbrochen das Kreuz schlugen. Der Priester im Meßgewand verteilte an der Tür, als handele es sich um Eintrittskarten, Weihwasser, ganz und gar auf das Geld bedacht, das er einsammelte.

Salome schien weder die anderen noch mich zu beachten.

– Nikolas war hervorragend, sagte sie, ich würde ihn lieben, wenn mein Körper mir nachfolgte. Daß er soviel getrunken, soviel geredet; etwas, das er nie im Leben getan hat und nie wieder tun wird – allein, um mich zufriedenzustellen, die ich ein Nichts bin ... für ihn ...

Sie sprach eindringlich.

– Er ist ein ehrlicher Mensch und tatsächlich mutig, sagte ich zu ihr.

– Nur schade, fügte sie hinzu, daß aus ihm nie etwas werden wird. Er wird ein privates Märchen für zwei Personen bleiben. Und niemals das Glück finden ... nicht einen Moment.

Die Leidenschaft blitzte in ihren Augen; ihre Worte berührten mich. Ich sagte nichts; sah auf die Menschenmenge, die sich, ähnlich einem Flächenbrand, in die Landschaft fraß. Salome fühlte sich gestört.

– Das teilnahmslose Volk, sagte sie. Und warum sind Sie nicht teilnahmslos?

– Gute Frage, antwortete ich, mag sein, ich werde wie Nondas, ich weiß nicht.

– Und was ist mit Nondas?

– Ihn quälen seine Sünden.

– Wirklich? Ich hatte den Eindruck, daß er zu denen gehört, die frei von Sünde sind. Was meint er, wenn er sagt Sünden?

– Besser, das erklärt er Ihnen selbst, antwortete ich. Letztes Mal sprachen wir über die fleischliche Sünde.

– Guck an! Und ich glaubte, mit solchen Problemen befaßt sich heute keiner mehr.

– Im Gegenteil. Es gibt Menschen, die meinen, je mehr sie genießen, desto mehr tun sie Schlechtes.
– Verstehe, sagte sie. Und wenn sie in den absoluten Genuß kommen wollen, verlangt es sie, etwas sehr, sehr Schlechtes zu tun.
Sie breitete die Arme aus, gleich einem Kind, das zeigen will, wie groß sein Ballon ist.
– Auch das kann passieren, erwiderte ich.
– Mir sind Pfirsiche lieber. Und wie denken Sie darüber?
– Ich weiß nicht, was ich denken soll, antwortete ich.
– Mir scheint, Kessariani hat Ihnen die Stimmung vermiest; gehen wir weiter.
Wir liefen Richtung Asteri. Kurze Zeit später war niemand außer uns auf dem Pfad; sie ging voran; ihre Füße den Sträuchern und Kieselsteinen innig vertraut.
– Sie haben mich gefragt, begann ich, warum ich gegenüber dem teilnahmslosen Volk nicht teilnahmslos sein kann. Manchmal habe ich den Eindruck, daß all diese Leute in gewisser Weise mit meinem Körper verbunden sind; vielleicht darum.
– Soll das heißen, daß es Ihnen mit allen so geht?
– Bis jetzt habe ich diese Erfahrung nur mit denen gemacht, die Griechisch sprechen; ich meine Tote und Lebende. Die meisten lösen bei mir eine starke Reaktion aus; die anderen ein Gefühl geschwisterlicher Fürsorge; körperlicher, will ich sagen.
Es ging noch immer bergauf; einige Zeit schwiegen wir. Dann fragte sie:
– Und mit Ihrem Körper, was machen Sie mit dem?
– Derzeit versuche ich, mich so wenig wie möglich mit ihm zu befassen.
– Ich habe den Eindruck, Sie denken zuviel und gehen zuwenig spazieren.

In Asteri, in einer dunklen und niedrigen Hütte, eine betagte Frau, gleich einer Nonne, vor dem Kamin. Die tanzende

Flamme beleuchtete knapp ihr Gesicht, auf dem ein öliger Glanz lag. Ich suchte mit ihr ins Gespräch zu kommen; sie war in sich gekehrt und mager.

Der Abend brach an, als wir wieder hinunterliefen. Salome atmete in tiefen Zügen. Lachte auf:
– Dieser Wind hat mehr Beziehungen zu meinem Körper als die verbiesterte Alte.
– *Sowohl* der Wind *als auch* die Alte, entgegnete ich. Darum braucht es in der Heimat Courage. Die Courage, die man in der Fremde brauchte, war anderer Art.
Sie schaute mich an, als wollte sie etwas sagen; zum ersten Mal sah ich ihr Gesicht so dicht vor mir. Sie überlegte es sich anders und wechselte das Thema:
– Wissen Sie, manchmal habe ich den Eindruck, daß ich Ihnen Atmen beibringen muß; und manchmal, daß Sie viel näher der Erde und den Bäumen sind als ich. Im Haus, während wir uns mit den anderen unterhielten, sah ich mir Ihre Hände an. Das sind nicht die Hände eines Intellektuellen, kam mir in den Sinn, das sind die Hände eines Handwerkers ...
Sie war erhitzt vom Laufen, in Gedanken vertieft:
– ... und Lala, Ihnen gegenüber sitzend; reglos wie eine Statue ... arme Lala ...
Ich war erstaunt und sah ihr ins Gesicht:
– Wäre sie ein Mann, würde ich sie anbeten; ihr Körper birgt so viel Freude; reife Freude. Morgen und Mittag in einem; kannst du dir das vorstellen? ...
Ihre Stimme vibrierte. Zum ersten Mal duzte sie mich.
– Ich hatte keine Ahnung, daß sie so schön ist, sagte ich unsinnigerweise.
Salome sprach weiter, als hätte sie nichts gehört:
– Eines Tages, letzten Sommer, ich hatte sie gerade kennengelernt, gingen wir zusammen schwimmen. Sie stieg aus dem Wasser, und die Tropfen rannen an ihrem Körper hinunter, als hätten sie keine Berührung mit ihm, als wären sie einzig und al-

lein da, um Lala ans Licht zu binden; das Licht der Auferstehung – und wenn man bedenkt, sie ist noch nicht erwacht …
Sie hielt inne; ich nahm ihre Hand. Sie ließ es geschehen. Ihr Gesicht kam dem meinen sehr nahe:
– Laß uns an diesem Punkt stehenbleiben, sagte sie zu mir, vielleicht bin ich noch nicht reif für dich.
Und als wir unseren Weg fortsetzten:
– Ja, Stratis, es ist ein weites Feld: die Courage, die der Körper braucht.
Wir gingen zurück, ohne daß wir noch ein Wort miteinander wechselten.

Dienstag

»Ja, sogar die Schlafenden sind, wie, glaube ich, Heraklit sagt, Arbeiter und *Mitarbeiter* an dem, was in der Welt geschieht« – ich unterstreiche.
Ich denke, würde der Geist ein bestimmtes Maß an Starre erreichen, begännen die Dinge draußen, sich zu regen.

Mittwoch

Ich stieg den Lykabettos-Hügel hinauf; manchmal hilft, was der Fels ausstrahlt. Ein Soldat auf Posten; ein anderer, auf dem Stein seine Füße waschend – fahlgelbe Füße. Stimmen von etwa dreißig Kindern, die eine Deutsche herumführte. Die Kirche weiß und teilnahmslos auf dem Gipfel über allem, gleich dem Greis, versunken in einem riesigen Bett, in dem eine Menge ebenfalls teilnahmsloser Leute sitzt, schläft, Liebe macht – er kehrt ihnen den Rücken und strebt dem Tode zu.
Drüben, die Akropolis vor Anker; bereit, abzulegen.

STRATIS erreichte außer Atem das Zappio-Gebäude am Rande des großen Platzes; die anderen waren schon da und machten sich auf zur Akropolis. In dem Augenblick, da er Salome die Hand gab, erloschen alle Laternen. Das Mondlicht fiel gleich einem Wurfnetz aus dunkelblauem Stahl und fing alle ein: drei Pärchen versteinerten mit offenem Mund; zwei Händler, die um etwas feilschten, wurden einig; Lalas Augen drehten sich zum Himmel und leuchteten von innen heraus; das Violoncello auf dem Podest verschlang seinen Hals. Der Zauber nahm ein jähes Ende mit dem Knall einer aufgeblasenen Papiertüte. Die Lichter gingen wieder an; die dicke Frau, die mit gespreizten Beinen dasaß, begann wieder, Pistazien zu knacken, als begleite sie den Szenenwechsel auf einem Xylophon.

– Händereichen, das einen Kurzschluß verursacht, meinte Sphinx, eine bedeutungsvolle Einweihung!

Sie sah in die Runde; keiner reagierte; ihr Witz verpuffte.

– Gefällt Ihnen der Hymettos? fragte sie Stratis gereizt.

– Also, Frau Sphinx, ich sage ungern, ob mir etwas gefällt oder nicht.

– Manchmal sind die Griechen im höchsten Maße unausstehlich.

– *Hellas heißt Wehe!* sang Nondas.

– »Moi, cela m'est égal parce que j'écris Paludes«, lachte Nikolas.

– Ruhm dem Herrn, sagte Sphinx, das läßt hoffen, daß uns wenigstens heute von deinen Reden nicht der Schädel brummen wird.

– Ich schwinge meine Reden, Frau Sphinx, nur eine Nacht im Monat; bei abnehmendem Mond – ich weiß nicht, was da in mich fährt. Jetzt, da Sie es wissen, machen Sie einfach einen Bogen um mich.

Links, aus dem Dunkel der Bäume, für einen Moment das

Grollen des Windes; in Salomes Rock kam Bewegung. Stratis ging zu ihr:
– Ich weiß nicht, wie Sie reifen, aber die Sphinx wird beim Reifen sauer.
Sie stiegen zur Burg hinauf.
Vor ihnen, auf der großen Marmortreppe der Propyläen, ein sehr hagerer und lang aufgeschossener Herr in Smoking und eine kantige flachbrüstige Dame in Abendtoilette und mit Turban; Ausländer; die beiden begleitete ein einheimischer mondäner Herr, immer wieder katzbuckelnd, eine riesige Zigarre rauchend, eine Zumutung um diese Zeit. Er deklamierte großspurig:
– C'est ça l'Acropole!
Nikolas hörte das und fragte:
– Du weißt, was »l'Acropole« heißt?
– Heißt was? fragte Kaliklis zurück.
– »Ich bin seiend und mich sehend, mich dabei sehend, wie ich mich sehe usw.«
– Nonsense!
– Meinetwegen; aber verrate es nicht der Frau Sphinx, denn die wird ungehalten, wenn sie so was hört.
– Ist klar, antwortete Stratis zerstreut.
Oben an der Treppe liefen sie auseinander. Salome ging zum Erechtheion, die anderen zogen zum Tempel der Nike. Stratis blieb unentschieden stehen; folgte dann Salome.
Unten, in nördlicher Richtung, die winzigen Häuser am Fuße des Felsens eng beieinander, gleich einer Gruppe kubistischer Schildkröten, mit der Farbe von Rabenflügeln oder Silber. Salome betrachtete die Karyatiden:
– Was sind diese Mädchen, Frauen oder Säulen? fragte sie. Das durchgedrückte Bein verdeutlicht, daß sie eine Last tragen, das andere? …
– Eigenartig, sagte Stratis, daß man beim Betrachten ihrer Brüste der Schwere gewahr wird, die sie stützen.
– Tatsächlich; einmal ist Lala mir so erschienen …

Sie verstummte; dann, etwas später:
– Wie seltsam das plötzliche An und Aus der Beleuchtung vor dem Zappio war.
– Ich dachte, eine Hand, die entblößt, würde euch angreifen, erwiderte Stratis, das hier hat damit nichts gemein.
– Doch, es muß das gleiche sein, beharrte sie.
Stratis nahm ihre Hand.
– Heute morgen, erzählte er, heute morgen, auf der Ermou-Straße, sah ich ein Mädchen, kaum zehn Jahre alt, das einem anderen, welches ihm nachrannte, zurief: »Komm, du kurzbeinige Gorgo« – und so möchte ich Sie nennen.
– Sehen wir, was die anderen machen, schlug Salome vor und ging los.
Von weitem lockte Kaliklis' Stimme; er rezitierte:

... *Und wenn ich sie nicht wie eine Katze auf dem Teller*
präsentier,
und sie dir anrichte mit Püree,
mag niemand mich nennen Jareré!

– Bravo Kli, sagte Sphinx, das müßte man vertonen und wie ein Kampflied singen.
Kaliklis streckte seine Hand aus und strich ihre Wirbelsäule entlang.
– O, weiblicher Rücken, der Danaiden Faß ohne Boden! trug er vor mit lyrischem Unterton.
Sphinx zog wollüstig die Schultern hoch. Lala lachte und lief einige Schritte.
– Die arme, sie ist ganz lieb, aber doof, tuschelte Sphinx.
– Ich würde Nikolas bitten, sagte Nondas, uns die Verse aufzusagen, die er im Bus nach Kifissia geschmiedet hat.
– Lieber würde ich sie euch vortragen, sobald der Mond wieder abnimmt, erwiderte Nikolas.
– Ich bitte dich, Nikolas, sagte Salome.
– Einverstanden, meinte dieser. Das ist natürlich eine Reminiszenz.

– Was heißt das, eine Reminiszenz? fragte Kaliklis.
– Das ist pastiche, oder wie sagt man gleich?
Dann, als läse er aus der Zeitung vor:

Kifissia! Kifissia!
Mit dem Bus fuhr ich fort,
und der Wind, der hier geht,
wirbelt Staub über'n Ort.
Flache Seele, weites Herz
und der Wollust Biß,
Kifissia, wo ist das Mädchen,
das die Augen mir aufriß!

– Bravo! Ausgezeichnet! rief Salome.
– Du hast es kaputtgemacht, äußerte Kaliklis, und diese Reime, schade!
– Wenn Sie es nicht auf mich abgesehen hätten, würde ich es Ihnen widmen, Frau Sphinx, sagte Nikolas. Merken Sie, wie es die griechische überbordende Sprache offenbart?
– Die griechische überbordende Sprache, sagte Sphinx, ist mir schnuppe; sei's drum; die Dinge, die ich bewundere, sind nicht von hier.
Und sich an Kaliklis wendend:
– In den Bussen, in denen sich der redegewandte Herr Nikolas ergötzt, betreibe ich meine Studien.
– Und Ihre Schlußfolgerung? fragte Nondas.
– Die Schlußfolgerung: daß alle Busse voll von Gauklern sind.
– Och, sagte Kaliklis. Ich bitte dich, Sphinx, ich bitte dich, fang nicht wieder an. Laß sie voll mit Gauklern sein; morgen werden sie Orang-Utans befördern, meinetwegen; heute ... bei solch einem Mond ...
Er sah zu Stratis:
– ... heute habe ich Lust, Gedichte zu hören; sag eins von deinen auf.

– Aber ich hab doch keine Gedichte, entgegnete Stratis erschrocken.
– Ja, ja, sag eins auf, riefen alle außer Sphinx.
– Zur Zeit schreibe ich Kommentare zur *Odyssee.*
– Trag etwas daraus vor, sagte Nondas.
– Aber Kommentare sind keine Gedichte.
– Trotzdem! Trotzdem! riefen alle außer Sphinx.
– Dieser Teil, erklärte Stratis, um sich aus der Affäre zu ziehen, kommentiert jene Stelle, wo Homer die Insel der Kalypso Nabel des Meeres nennt.
– Ich dachte, Homer hätte einen besseren Geschmack gehabt, sagte Sphinx.
– »Auf rings umspülter Insel, dem Omphalos des Meeres ...«, flüsterte Stratis.
– Ach! Omphalos; das ist was anderes, meinte Sphinx pikiert.
– Unbedingt, sagte Stratis, und nun mein Kommentar; ich betone noch einmal, es sind ganz persönliche Aufzeichnungen:

Insel, süß und heimisch,
mit dem Doppelstrand,
gleich der Frauen Achselhöhlen
und dem Nabel gleich.

Und Kalypso jeden Morgen
bringt ihren Körper her,
ängstlich wie der Spatz
drüben auf dem Zweig.

Am Nabel des Meeres
ist dein alles Schöne,
du aber, gerissener Odysseus,
bittest um heißen Tobak sie.

Beklemmende Stille trat ein.
– Die Sphinx aus Eis, flüsterte Nikolas.
– Ich hatte euch gewarnt, sagte Stratis aufatmend.

Kaliklis brabbelte:
– Hm! Alles gut und schön, Stratis, aber der Schluß ist tote Hose. Hättest du nicht besser mit etwas anderem geendet; sagen wir mal, mit Tabak, den man zwischen den Fingern reibt?
– Stimmt schon, sagte Stratis, aber mich stört immer die übliche Pointe am Schluß.
– Ich würde schreiben »... bittest sie um 'ne Pfeife, um ein tsimbouki«, meinte Sphinx.
– Auch daran hab ich gedacht, erwiderte Stratis, aber ich hatte die Befürchtung, man könnte es mit den Stengen der Schiffe verwechseln, die heißen ja auch tsimbouki.
– Was ist denn das, fragte Sphinx plötzlich.
– Das, was man auch Knüppel nennt.
Ein Lachen war zu hören; Lalas.
– Diese Verballhornung ist einfach ordinär, rief Sphinx, und besonders an solch einem Ort.
– Mich bezaubert, wenn es eine solche Vielfalt von Reimen gibt, sagte Kaliklis, mich haben die Verse von Nikolas erstaunt. So knapp und mit so vielen Reimpaaren.
– Warum kommentierst du ausgerechnet die *Odyssee*? fragte Nondas ernst. Du hättest mehr Erfolg, würdest du beispielsweise wie Kavafis einen Alexandriner einsetzen. Wir Dekadenten sind eher den Epochen der Dekadenz verwandt.
– Ich habe Kavafis nicht eingehend studiert, entgegnete Stratis, und ich bin mit meinen Überlegungen über die Epochen der Dekadenz noch nicht am Ende. Vielleicht habe ich Homer ausgewählt, weil er nicht danach trachtet, mich an Athen zu erinnern. Athen macht mich beklommen. Manchmal denke ich auch daran, daß seine Dichtungen die eines Exilanten sind.
– Exilanten-Vorfahren, meinte Kaliklis.
– Auch darüber weiß ich nichts; welche Vorfahren?
– Na, wenn du nicht mal um diese grundlegenden Dinge weißt, was versuchst du dann zu schreiben, fragte Sphinx.
– Damit ich was lerne, antwortete Stratis.

– Um Gottes willen, glaubst du ernsthaft, daß diese Verslein etwas lehren; Poesie ist Abheben, Über-sich-Hinauswachsen, lodernder Lyrismus.
– Lyrismus, warf Nikolas leise ein, ist die Fortentwicklung eines Ausrufewortes: Aman ... Aman ... Amanes.
– Du bist albern, sagte Sphinx zu ihm.
Stratis hatte ein Gefühl, als habe man ihn in ein riesiges Labyrinth gesteckt und er schlage wie irre gegen dunkles Mauerwerk.
– Ich verstehe, sagte er, Sie stört mein Verhältnis zu Homer; oder vielleicht ärgern Sie sich wegen der knappen und strengen Verse. Ich habe auch anders zu schreiben versucht:
Wieder begann er:

– *Leg dein Ohr dort an und lausche den Klängen, die*
kochen im Haus voll Finsternis;
streck die Hände aus, laß deine Finger abtasten den
Einschuß der Nacht;
laß beiseite all die gehetzten Farben und die Linien
vergeßner Gesichter;
bezwinge der Menschen Schmerz.

Aufs Fell der schwarzen Pauke laß niedergehn Tastsinn und
Gehör;
laß niedergehen wie des Ozeans Pegel und halt den Atem an,
vertief dich ins Dunkel, das Ringe gebiert, gleich der
Wurfscheibe Kreise,
und die Schlinge lockert sich.

Erlöse die Engel, die knien und weinen in deiner Seele
Jahre schon;
laß ihren Körper sie wiederfinden in der weiten Welt ...

– Was machen wir nur mit diesen nicht erlösten Engelchen, unterbrach ihn Sphinx. Das war der einzige Moment, da Stratis seine Stimme hob:

– Engel, hab ich gesagt, nicht Engelchen. Ich tue mich schwer damit, ein Wort hinzuschreiben.
– Dann eben Engel; und?
– Sie stellen für mich ein großes Problem dar, die Engel: was tun sie in Griechenland? Welche Gewohnheiten haben sie und gehören zu welchem Geschlecht? ...
– Was sie tun? Sie grüßen die Sterne, platzte Sphinx heraus. Und setzte hinzu:
– Mein Gott! Du strafst mich zu Recht dafür, daß ich hier heraufgekommen bin und mir nicht die Zwölf Evangelien anhören ging.
Sie erhob sich und stieg linker Hand hinunter. Salome, die die ganze Zeit wortlos auf ihre Knie geblickt hatte, strebte direkt zum Parthenon.
– Uff! Ich bin ganz träge geworden, sagte Stratis.
– Mir gefallen deine Bilder, wandte sich Lala an ihn.
– Bilder finden ist einfach ..., meinte Stratis und ging schnurstracks zu Salome.
– Worauf willst du hinaus? Keiner wird dich verstehen; hast du kein Erbarmen mit dir?
– Das Komplizierte ist der Rhythmus, sagte Stratis zu ihr, als würde er immer noch Lala antworten, ich habe ihn bis jetzt nicht gefunden. Vielleicht – seit wir nach Asteri hinaufgestiegen sind, verstehe ich es besser – weil meine Ergriffenheit auch die ihre ist.
– Ihre? Wessen?
Stratis antwortete außer Atem:
– Es war Juli, zwei Uhr Mittag; alles kochte in der Hitze, die Füße klebten am Asphalt, die Kleider am Körper, der Körper an der Seele, die verdunstete. Ich ging Zigaretten holen. Der Kiosk von oben bis unten in vergilbte Journale gehüllt, die für die Blöße eines jeden westlichen Landes warben. Männer liefen herum, das Gesicht mit Quecksilber und schwarzer Politur eingerieben, Frauen mit nackten Armen, von der Achselhöhle bis zu den Fingernägeln übersät mit Markierungen systema-

tisch vorgehender Insekten, die sie im Bett heimgesucht hatten. Was kam mir damals in den Sinn, danach zu fragen, in welcher Beziehung diese Männer, diese Frauen, dieses Land zueinander standen? Das war der Beginn meiner Qualen. Ich streifte durch die Gassen, die Restaurants, die Straßenbahnen, die Theater in den Wohnvierteln, die Freilichtkinos, die Karagiozis-Puppenbühnen, die kleinen Kaffeehäuser, wo man die unerträgliche Nacht mit einer Tüte Kürbiskerne herumbringt ... Wo war ich nicht, um etwas über sie zu erfahren. Ich klammerte mich an einen Blick, an die Form einer Hand, ich kreiste im Innern des Menschen und tauchte aus der Wellengischt wieder auf, erschöpft, als wäre ich durch einen Baum gereist. Ich mordete die Wahnbilder, die ich gebar, sobald einer meiner fünf Sinne in die Irre ging. Ich versuchte am Menschen den Akt der Zurückführung auf seine natürliche Größe. Die meisten schrumpften, schrumpften und flogen schließlich durch meine Finger wie Mücken. Andere verloren nicht mal ein Fingerbreit von ihrem Volumen, nur ...
Er atmete tief durch. Salome hatte die Augen geschlossen. Das Mondlicht bedeckte ihr Gesicht mit Schnee. Stratis fühlte sich völlig verloren. Sie, wie ein Mensch, der träumt, sprach weiter:
– ... nur daß da die Gorgo kam, die kurzbeinige.
Sie beugte sich plötzlich hinunter, suchte nach ihrem Beutel und öffnete ihn:
– Morgen nachmittag ist keiner zu Hause. Ich werde kommen; warte auf mich, hier der Schlüssel. Ich glaube, es wird uns gut tun.

Sie sagte das klar und deutlich, mit der Ruhe einer Krankenschwester und streichelte seine Schulter. Da waren die ersten Trillerpfeifen der Wächter zu hören.

Zweite Nacht

SALOME hatte unlängst eine Souterrain-Wohnung in der Nähe der Laterne des Diogenes bezogen. Stratis stieg in die Straßenbahn, fuhr bis zum Omonia-Platz und ging dann durch die Aiolos-Straße. Alle Kirchen hell erleuchtet; viele Leute unterwegs. Immerzu befühlte er in der Tasche ihren Schlüssel. Er achtete, glaube ich, auf nichts anderes als auf die Kerzen, die auf den Höfen und den Fußwegen verkauft wurden.

Dann bog er in die abgelegene Gasse und öffnete die Haustür. Die Möbel ähnlich Booten, bereit, die Taue loszumachen; Salomes Behausungen vermittelten stets den Eindruck von etwas Provisorischem. Stratis durchquerte den Vorraum. Im kleineren Zimmer neben dem Diwan ein Hocker aus Skyros, die *Bruchstücke* von Malakasis und der *Prometheus* von Gide. Im Ausschnitt des offenen Fensters sah er durch die transparenten Vorhänge ab und zu die vollgestaubten Hosenbeine eines Fußgängers. Da erst wurde ihm bewußt, daß er warten mußte, und er fühlte sein Herz in falscher Tonlage schlagen und wie ihn das schwindlig machte. »Warum nur? Es besteht gar kein Grund, *jetzt*«, ging ihm durch den Kopf. Er bemühte sich, mit seinem Herzen umzugehen wie mit dem Tier eines anderen. Aber das Pochen wurde immer stärker. Stratis' Gehörsinn hatte sich bis zu Salomes Horizont ausgeweitet, und das leiseste Geräusch dehnte sich aus, dehnte sich immer weiter hoch oben darin aus und raubte ihm den Atem. Er versuchte, sich auf die Glockenschläge zu konzentrieren, die zur Totenmesse läuteten: »Wie lassen wir auferstehen?« ... Die morgige Mitternacht schien ihm in einem diffusen Chaos versackt. Aus der Tiefe erstand die ihm unbekannte Nacktheit seiner Freundin, gleich einer Galaxis, änderte ihre Gestalt, ihr Wesen, verschwand, kam zurück und wälzte sich über ihn. Der Duft des Zitronenbaums peinigte ihn: »Frühlingszeit; vielleicht ihr ähnlich, die mühsame Vorbereitung der Auferstehung der Seelen ...«

Lautlos kam Salome herein; sie hielt Nelken im Arm:
– Für dich; hoffentlich hast du dich nicht gelangweilt.
Stratis legte die Blumen auf den Hocker, der neben dem einzigen Sessel im Zimmer stand; ein Sessel, bezogen mit gelbem Samt. Er brauchte einen Augenblick, bis er begriff, daß die Frau gekommen war, auf die er gewartet hatte. Doch dachte er überhaupt nicht daran, daß er es war, der ihr hätte Blumen bringen müssen.
– Warum bist du eigentlich ausgegangen? fragte er sie.
– Ich wollte, daß du auf mich wartest; daß ich ins Haus komme und meinen Hausherrn finde.
Ein leichter Rauhreif lag auf ihrem Hals. Stratis setzte sich in den Sessel.
– Ich bin es müde zu warten, entgegnete er.
Mit zwei Handgriffen riß sie sich die Kleider vom Leib. Ihr Körper voll geschmeidiger Rundungen, gleich dem des Schwans. Nur die zwei Pfirsiche waren ähnlich den Steinen einer Schleuder. Die Farbe ihres Bauches ging unmerklich in das matte Kupfer des Dickichts über und verblaßte dort. Ein wenig unterhalb der Hüfte hatte sie eine Narbe.
Sie stellte sich vor ihn.
Sein Blick wanderte von diesem schwarzblauen Strich zu den Buchten und Rundungen.
– Findest du mich schön?
Sein Blick hatte alles abgeschritten und kehrte wieder zu dem schwarzblauen Strich zurück. Er hatte sich nicht gefragt, ob sie ihm gefalle. Das einzige, was ihm durch den Kopf ging, war, daß er mitten durch dieses Wogen müsse, um wieder auftauchen zu können.
– Das weißt du doch, sagte er abwesend.
Salomes Narbe verlängerte sich hinter seinen geschlossenen Lidern, wurde zur Startlinie einer Aschenbahn. Er rannte und rannte. Dann hielt etwas in ihm an; nicht die Wollust. Stratis fühlte seinen Körper schweißgebadet, ihren Atem an seiner Schläfe. Er sah sie vor seinem inneren Auge ihn anschauen: »So

brechen die Blüten des Flieders auf.« Er wurde wieder, der er gewesen.

– »Der Wald, nach dem du dich sehntest«, sagte er zu ihr.

– Was ist das?

– Aus dem Buch, das neben dir liegt.

– Ach, ja. Ich mag mehr das, in dem der Adler sagt: »Ich muß größer und du mußt kleiner werden.«

– Das ist aus den *Bruchstücken*.

Sie streckte die Arme aus und rekelte sich:

– Unwichtig. Die Bücher, die wir lesen, verwirren sich in unserm Innern. Manchmal denke ich daran, aus allen Büchern, die ich gelesen habe, ein einziges zu machen. Ich würde ihre Seiten zerreißen; würde sie mit einer Schere in kleine Schnipsel schneiden, diese dann in einen Korb werfen, gut mischen, und zum Schluß nähme ich sie einzeln heraus und schriebe sie ab.

– Nur, daß du selbst in deinem Buch nicht vorkommst, meinte Stratis.

– Wieso käme ich nicht vor? Schließlich hätte ich doch für diese armen Schnipsel blindes Schicksal gespielt. Sollte ich aber nicht vorkommen, um so besser; ich werde woanders sein und Sex machen; und wenn ich Sex mache, bin ich beim Sex und nicht bei den Büchern.

Sie schaute zur Zimmerdecke hinauf. Ihre Stimme schien gemessen zu schreiten und Bilder zu kopieren, die dort oben vorüberzogen.

Stratis hatte sich verloren, fern.

– Und wo bin ich? fragte er in seiner gewohnten Art.

– Bei dir ist es das Gegenteil. Sagen wir, du schläfst mit Lala ...

– Warum ausgerechnet mit Lala?

– Weil sie dir viel mehr geben könnte als ich ...

Stratis streichelte ihre feste Brust; sie schob seine Hand beiseite:

– ... also, wenn du mit Lala schlafen würdest, wärst du trotzdem bei deinem Buch. Und sollte dir gelingen, es zu schreiben, würdest du dich so sehr angestrengt haben, es mit dir selbst zu füllen, daß alle anderen inzwischen fortgegangen wären und du am Schluß allein bliebest. Dann verwandelst du dich in lauter Schnipsel, die durch mein Buch treiben, und es wäre sehr gerecht, daß du so bestraft wirst.

Stratis hörte ihr zu; vielleicht ernsthafter als nötig. Ihr Blick wanderte von der Zimmerdecke über die Wand wieder nach unten und blieb an den Blumen hängen, die vergessen auf dem Hocker lagen.

– Sie werden Durst haben, die Nelken.

Sie sprang auf, ging hinaus, kam zurück mit einer Kanne in der Hand. Stratis betrachtete ihre Finger, die das Gefäß umfaßten, und fragte sich, wie es sein konnte, daß er diesem Körper nichts gegeben hatte. Er mutete ihn fremd an, gleich einem Relief, und dahinter, in der Ferne, das Vergangene, das ihn herbeirief, unerfüllt. Sie bückte sich; machte den Rücken krumm wie einen Zweig; die Leistenbeuge vertiefte sich; eine Linie zog sich von ihrem Nacken zwischen beiden Schulterblättern, verlor sich nach und nach im Schatten. Ihre Brustwarzen gleich weinroten Hundezähnen. Erst spät kam ihm der Gedanke, daß all das nicht vom Auge unterschieden wurde, sondern daß das Blut es dem Auge überließ. Stratis nahm wieder den Duft des Zitronenbaums wahr: »Aber er war doch die ganze Zeit über da; wo bin ich denn gewesen?« Ihre Finger spielten mit den Nelken, die nun in der Kanne steckten: »Dieselbe Farbe wie die des Tonkrugs in Kokinara; und Lala, die von den Verdammten sprach« ...

– Salome, Salome, wer? ...

– Welcher habe ich dich genommen, fragte sie tiefsinnig, ohne sich umzuschauen.

– Keiner. Du bist die erste Frau, seit ich zurück bin; die erste Griechin.

– Die erste ... und dabei hast du mir noch nicht mal gesagt, wie schön ich bin.

Er stand auf, faßte sie bei den Schultern und drehte sie zu sich um. Sie wehrte ihn ab; als würde sie nachrechnen:
– Aber du hast doch gesagt, es ist zwei Jahre her, seit du aus der Fremde wiedergekommen bist. Was hast du bis jetzt gemacht?
Die Glocke ließ immer wieder zwei Kupfermünzen auf einen Stein fallen. Stratis' Gedächtnis streifte plötzlich einen verwundeten jungen Helden, den er als Kind in seinem Dorf gesehen hatte, als dieser aus einer Blutlache aufgehoben wurde: »Vielleicht war auch er hier, die ganze Zeit...« Eine Woge von Rhythmen drückte gegen seine Seele: »Seltsam, zum ersten Mal, nach so langer Zeit, Musik ...« Er spürte, wie ihn der Frühling nach draußen zog, unerbittlich.
– Ich liebte, sagte Stratis.
Der verwundete junge Held war als erster im Wurfnetz; seine Füße, als würden sie über das Wasser rennen, hatten etwas von einem gläsernen Flügelschlag; und es war, als schleudere das plötzliche Rund des Netzes seine offenen Arme in die Weite; dunkle Umarmung; und die Fische glänzten darin, ganz frisch. Er betrachtete die Wand des kleinen Zimmers; hier und da bröckelte es; er sah sein Selbst eingeschlossen in ein Grab. Sagte beinah schroff zu Salome:
– Zieh dir was über! Ich will rausgehen.
Gehorsam bückte sie sich, ihre auf dem Boden verstreuten Sachen aufzuheben, den weißen Unterrock, das dunkelblaue Kleid. Sie berührte sie nur und streckte sich ihm entgegen. Mit den Handflächen strich sie über ihre Flanken von unten nach oben und bot ihm ihre Brüste:
– Und die hier willst du nicht mehr? Ich nenne sie junge Wölfe.
– So habe ich in meiner Kindheit einen Apfel angesehen, nachdem ich ihn gestohlen hatte, sagte er zu ihr.
Salome ließ ihre Arme sinken.
– Vielleicht gefalle ich dir nicht...

– Weißt du, erwiderte er, ganz am Anfang, nachdem ich dich kennengelernt hatte, erinnertest du mich an Nijinski; so nannte ich dich im stillen.

Sie küßte ihn; jetzt erst lernte er ihre Lippen kennen. Ihre Hände berührten ihn überall, gleich einer Mittagswoge; ließen ihn dann in den warmen Bauch des Meeres sinken, und tiefer noch, bis auf den Grund, bis dort, wo das zerknüllte Bildnis eines weinenden Mädchens weiß zwischen den Algen schimmerte.

– Verscheuch endlich alle, stöhnte sie inbrünstig und gab sich ihm hin.

Stratis fragte sie viel später:

– Gefällt dir Lala so sehr?

– Ich will mich nicht vor dir verstecken, gab sie zur Antwort. Das soll nicht heißen, daß ich von dir dasselbe verlange. Einmal liebte ich; er war es nicht wert. Dann Heirat; schreckliche Ödnis. Damals lernte ich eine Frau kennen, sie war teuflisch; mit der Zeit lernte ich von ihr; am Ende war es mir nicht unangenehm; zumindest war es eine Erlösung von der Einsamkeit ...

Sie blieb nachdenklich:

– ... vielleicht machte sie mich mehr zur Frau, als gut ist ... jetzt will ich dir gehören ...

Stratis wollte etwas sagen; sie schloß ihm mit der Hand den Mund:

– ... dir gehören, soweit ich kann; ich weiß nicht, wie sehr; vielleicht muß ich es einfach probieren. Allerdings scheint mir, daß ich wieder dazu zurückkehren würde, sollten wir uns für längere Zeit trennen. Siehst du, mein Körper ist eigensinnig; er gibt mir nicht die Kraft, von ferne zu lieben, wie du es kannst. Im Grunde bin ich dieser teuflischen Frau wahrscheinlich Dank schuldig, denn die Männer, außer das Schicksal macht uns ein sehr seltenes Geschenk, sind entweder idiotisch sentimental oder dreckig ordinär ...

Sie stockte; schaute wieder hoch zur Decke:

– ... ja, wenn ich nicht anders kann, wenn ich nicht anders kann ... flüchte ich mich zu Lala, obwohl ...
– Obwohl? fragte Stratis.
– ... obwohl, sagte Salome, sie solch eine Kraft hat, fehlt ihr jeglicher knabenhafte Zug ... seltsam ...
Sie sagte es sehr schlicht, geradeheraus. Stratis umarmte sie. Salome richtete sich auf.
– Los, sagte sie zu ihm, gehen wir raus; das wolltest du doch schon vorhin.

*

Sie gingen in Richtung Philopappos-Hügel. In der Kirche des Heiligen Dimitris waren die Leute um die Darstellung der Grablegung Christi versammelt. Die Gesichter, beleuchtet vom Kerzenschein, ließen all ihre Runzeln erkennen. Drüben im Hintergrund hellte der Marmor der Akropolis sich auf, als wären es große Kieselsteine. Stratis versuchte, die Zeit, die begleitet von langatmigen Psalmen dahinfloß und über den kleinen Flammen schmolz, mit jener anderen Zeit in Übereinstimmung zu bringen, die ihn aus der Burg anzustarren schien, ihre Augäpfel hinter den geschlossenen Lidern des Marmors, wie aus der Tiefe eines stillen Meeres.
Er drehte sich zu Salome, die neben ihm stand. Ihr Gesicht wirkte ausdruckslos auf ihn. Die Kleider, die ihren Körper einhüllten, schienen diesen wie ein Brunnen zu verschlucken. Instinktiv, um sie zu beschützen, packte er sie am Arm. Sie lächelte ihn an; und dieses Lächeln war fern. Er empfand sich als einen Haufen Scherben: »... aber was hat das alles miteinander zu tun?« ...
Ein Raunen ging durch die Menschenmenge; man brachte das Bildnis Christi heraus. Die Priester und die Seraphimbildnisse; der tote Gott mit einem Blutfleck seitlich an seinem Körper. Salome schlug das Kreuz. Mit diesen Fingern hatte sie sich entblößt; so schnell. Weit entfernt, auf dem Kai nahe dem Dorf, hoben drei Leute einen jungen Helden vom Boden, der sein Le-

ben aushauchte, das Hemd blutgetränkt; ein Fischerboot kam, um anzulegen; die Ruder durchschnitten das Wasser, wie es zuvor seine Beine getan hatten. Er erblickte Salomes Körper splitternackt zwischen den Händen, die die Kerzen hielten, und die Kerzen aus ihrem Fleisch gemacht; und sie kneteten es, so viele Finger, Männer und Frauen; so viele Finger bis an die Totenbahre, die sich entfernte in Richtung Odeon. Die Woge von Rhythmen, die ihm im engen Zimmer entgegengeschlagen war, kam wieder; er spürte ein Hervorsprudeln starker Freude. Die Musik zog zwei große Kreise und ließ ihn allein zurück.

Er begleitete Salome bis an ihre Tür. Sie sagten unterwegs nicht ein Wort. Nur, als er ihr gute Nacht wünschte:

– Wir haben uns heute ins Verderben gestürzt.

– Wenn das, was man zu tun gedenkt, was nützen soll, muß man, fürchte ich, durch viele Höllen gehen. Was mich betrifft ... ich habe meinen Weg schon lange aus den Augen verloren ... Gute Nacht, Stratis.

Hier schloß sie die Tür.

STRATIS:

Freitag, April 

Seit jenem Freitag in ihrer Wohnung ist sie wie vom Erdboden verschluckt. Zwei Wochen sind es jetzt, daß ich mich verloren fühle, wie in jenem dunklen Wald in England, der nach Keller roch; dichtes Wurzelgeflecht, Moder trinkend; mein Zimmer von einer Gaslaterne erhellt; bei diesem schummrigen Licht las ich, nachdem ich nach Hause gekommen war, in einer zerknitterten Zeitung »A sunny day we shall go ...« Einsamkeit, zum Schneiden dicht wie Nebel.

Salomes Schlagworte: »die jungen Wölfe«, »Löwe«, »Schütze«, »Antares«. Der Beischlaf mit ihrem Körper, als befände man sich in einem Kampfring inmitten eines Himmels voll Sternbilder.

Ab heute müßte der Mond wieder zunehmen; meine antike Wasseruhr.

Sonnabend, Nacht

Folgender Traum riß mich aus dem Schlaf: Lokal im Freien, Ende Patission-Straße. Nacht, milchig trübe Beleuchtung. Dort zusammen mit einem Freund sitzend, kann aber nicht genau sagen, wer es ist. Wir aßen, und ich *wußte*, ganz klar, daß nach dem Essen ich ihn oder er mich umbringen würde. Auch er wußte es, ohne darüber zu reden. Es war wie etwas schon seit langer Zeit Vereinbartes und Verinnerlichtes. Wir unterhielten uns ganz ruhig über alltägliche Sachen, während der Kellner den Tisch abräumte und die neuen Teller brachte, in einem Rhythmus, der mir erbarmungslos schien. In dem Augenblick, in dem er das Obst – eine funkelnde Schale mit Früchten und zerstoßenem Eis – auftrug, fuhr ich im Bett auf.

Sonntag

Am Spätnachmittag, gleich einem Fenster, das der Wind jäh aufstößt, stürzten in mein Gedächtnis über Jahre nicht angetastete Einzelheiten: der erste Winter in Paris, eine andere Kälte, ein anderes Berühren. Wechselnde Atmosphäre im Haus, in dem ich wohnte; mal jüdisch, mal slawisch, mal katholisch. Mitbewohner; das jüdische Mädchen, brünett, verhaltene Stimme, das immer die Bibel las – meine Enttäuschung, als ich feststellte, daß der hebräische Text von hinten nach vorn gelesen wird; des Mädchens Fleisch weiß und fahl. Jene, die im Zimmer nebenan lebte; zwischen uns nur eine roh gezimmerte Trennwand; nachts weckte sie mich mit ihren gräßlichen Phantasierereien (vielleicht wegen der Drogen); wenn ich dann gegen die Bretter trommelte, damit sie wieder zu sich käme, bedankte sie sich am nächsten Morgen bei mir. Das schon ältere Fräulein; es studierte Theologie in Gesellschaft eines hageren, verarmten Comte mit Kinnbart; ihr gemeinsames Altersidyll; der Comte litt an Gedächtnisschwäche; daraus speiste sich ihre Beziehung. Zwei Damen, Freunde des Hauses, unerträglich »kunstinteressiert«; die eine spielte Violine; sie wohnten im Erdgeschoß eines Hauses am anderen Ufer des Flusses; ab und zu gaben sie musikalische Abende; die geladenen Gäste durften nicht in Alltagskleidern erscheinen; um der Musik mit frischer Persönlichkeit zu lauschen, sagten die beiden. Mein erster Kontakt mit dem Schlamm der großen Hauptstadt; wie von Lepra zerfressene Wohnungen, barbarische Leierkästen in eiskalten Innenhöfen, nachts die Clochards unter den Brükken, tödlich die Bahnhöfe am Morgen, Durst und Geister ... Was wollten nur all diese ungebetenen Dinge?

Montag

Die Kunst ahmt nicht nach; wenn man hört »Aha! Wie ähnlich das ist!«, kann man sicher sein, daß es sich um Konstruktionen handelt. Die Kunst erschafft die Welt; die Natur ist ihr ein Nebel, und das Problem besteht darin, den Nebel zu einem Stern zu verdichten. Die Großen beginnen nicht damit, menschlich, sondern damit, unmenschlich zu sein; sie gelangen schließlich zur Menschlichkeit, in gewisser Weise ihr Innerstes erweiternd. Wir brauchen also nicht die Frage zu stellen, ob diese oder jene Kreation natürlich ist oder nicht, menschlich ist oder nicht, sondern in welchem Maß Natur oder Menschlichkeit ihr innewohnt.

Dienstag

Griechische Realität:
»Die ohne Mitgift erfolgte Verehelichung des Weibes gleicht mehr dem Konkubinat als der legitimen ehelichen Verbindung ...«

(K. Polygenous, *Abhandlung über die Mitgift*)

»Für einen Griechen benahm sich Andreas, den schwierigen Umständen entsprechend, *ehrenhaft*. (Ich unterstreiche; Psycharis, *Agni*)

Mittwoch

Es war wohl halb sechs oder sechs Uhr nachmittags; der Eindruck, ich hätte den Kreis geschlossen; die Hand, die mein Herz zusammenpreßte, öffnete sich, ließ dessen Flügel schlagen. Ich sehe es noch ganz deutlich vor mir.

Donnerstag

Genauso wie wir einen Sehhorizont haben, haben wir auch einen Hörhorizont, einen Horizont des Fühlens, einen des Riechens und einen Denkhorizont, und einen ... Weiter können wir nicht.

Freitag

Sieh, wie unsere Gesten, Bewegungen, Taten schlagartig versteinern, sobald sie zu Vergangenheit werden, als tauche man sie in »verflüssigte« Luft. Und alle verharren sie stabil und reglos in den Äonen der Äonen; nichts kann ihre Stellung ändern, die endgültige. Wir gebären immerzu Statuen. Das schlug in mir ein, gleich einer plötzlichen Vision; man wird irre, wenn man weiter darüber nachdenkt.

Sonnabend

Ich schreibe, als würde ich meine Adern öffnen. Ich schreibe, um ein Geständnis hinauszuzögern; wie um eine Strafe aufzuschieben ...

Sonntag

Als der Abend dämmerte, ging ich hinaus. Langgestrecktschmales Athen, du Athene. Eine Viertelstunde, und man ist auf den Feldern. Allerdings, während des Laufens: sie erschien mir wie ein kränkliches, verloren wirkendes Mädchen, dem sogar so wenig Raum zu viel war. Vor den Bordellen Warteschlangen; geduldig dreinschauende Gesichter, ausdruckslos.

Montag

Die (leblosen) Dinge dringen *infolge ihrer eigenen Entscheidung* in mein bewußtes Leben ein.

Dienstag

Erster Mai. Ich schlenderte ein wenig durch die Straßen; man könnte annehmen, der Frühling arbeite entgegengesetzt, nicht von unten nach oben, sondern von oben nach unten; er versenkt einen ins Erdreich.

Mittwoch

Übermorgen. Übermorgen abend. Was wird der schwangere Mond gebären?
Von Salome keine Nachricht.

Donnerstag

Ich nahm Pascal zur Hand; das Buch klappte auf bei *Le Mémorial*:
»Von etwa halb elf bis vielleicht eine halbe Stunde nach Mitternacht

FEUER«.

Das Wort auf der Mitte der Seite in Großbuchstaben; als ginge der Befehl an ein Erschießungskommando.

STRATIS strebte geradewegs zum beleuchteten Kartenschalter.  Beim Hinaufgehen begrüßte er auf der linken Seite Nikolas und Nondas; und weiter oben rechts, in Richtung Odeon, saßen Lala und Sphinx auf einer Bank. Kaliklis, mit dem Rücken zu Stratis, stand vor ihnen und gestikulierte.

Salome war noch nicht erschienen; trotzdem kaufte er sieben Eintrittskarten.

Während er das Restgeld in die Tasche steckte, näherte sich ihm ein kleiner Kerl und zeigte mit dem Finger auf die über ihnen aufragenden Propyläen:

– Treten Sie ein! ... Der unvergängliche Parthenon! ...
Treten Sie ein! ... Die hinfällige Schönheit! ...
Treten Sie ein! ... Die Ruinen des Ruhmes! ...
Diplomierter Fremdenfüüührer ...
In allen Sprachen ...

Er sprach in Jamben und betonte sie. Stratis ging nicht auf ihn ein. Das Kerlchen redete Italienisch, Englisch, Französisch mit ihm. Stratis musterte es; im Licht des Vollmonds wirkte dessen Gesicht, als sei es mit Mehl bestäubt, ließ sehr tiefe Falten erkennen, die von unzähligen Tätigkeiten zeugten.

– Ich habe sogar antike Münzen, sagte der Mann im Tonfall einer Beichte; hier ein Obolus; sehen Sie, er zeigt in künstlerischer Vollendung einen Satyr mit strotzendem Phallus.

Die Münze, die er aus der Hosentasche kramte, glänzte im kalten Licht. Stratis nahm sie; unmöglich, irgend etwas darauf zu erkennen. Er gab den Obolus zurück und sah wortlos zur Straße hinüber, ob Salome vielleicht käme. Die auf längliche Stangen aufmontierten Scheinwerfer der Autos rührten Salomes Abwesenheit auf.

– Ich hab auch eine einzigartige Leuchtersammlung; alle aus der Antike bekannten Stellungen und in allen geschlechtlichen Varianten ...

– In allen geschlechtlichen Varianten ..., wiederholte Stratis wie unter Hypnose.
Der andere stellte sich auf die Zehenspitzen und neigte sich noch mehr zu ihm hin:
– Ja, sapphische und päderastische Abbildungen mit unübertroffenen Details – können Sie sich, wenn Sie wollen, nach Ihrem Akropolis-Besuch ansehen ... mein Haus ist ruhig, mit angenehmer Atmosphäre für Genießer ...
Das Scheinwerferlicht entblößte ab und zu die Nacktheit der quastenbesetzten aufrechten Lanze einer Agave.
– ... zwei Schritt von hier entfernt; ein Haus gegenseitigen Zutrauens und Verständnisses, vielleicht erscheinen heute auch Modelle in natura ...
Ein stämmiger Rothaariger beugte sich zur Luke des Eintrittskartenschalters hinunter; ihm folgte eine über die Maßen fette Frau mit maisgelbem Haar, die einen erstickenden Geruch verströmte. Stratis antwortete nicht; der Fremdenführer machte sich an die neuen Besucher heran und begann wieder mit seiner Litanei. Stratis lief hinunter zu Nikolas. Nondas sagte voller Sarkasmus zu ihm:
– »Fabrice oubliait complètement d'être malheureux.«
– Ja, ja, erwiderte Stratis, zerstreut.
Er sah immerzu zum Weg hin.
– Guck an, sagte Nikolas, diese Massen; das ist ja wie bei einer Opernpremiere.
Menschen unterschiedlichen Schlags liefen vorbei, Griechen und Ausländer; ein Franzose mit Bart; dessen Tochter ständig ohne ersichtlichen Grund wiederholte: »Maman, il fait une brume intensive«; ihre Knöchel wirkten bleischwer. »Wär ich in Frankreich geblieben«, kam Stratis in den Sinn, »hätte ich vielleicht ein Geschöpf wie dieses gesät.« Danach eine weltgewandte Hammelherde; man erkannte sie an der Art, wie sie das *n* sprachen. Danach ein Bekanntenkreis aus irgendeinem Wohnviertel. Das Mädchen sagte: »Hier ist Tag ... Hier ist Nacht ...« Der junge Mann, offenbar von den Ionischen In-

seln, fuhr fort: »... und hier ist die Plaka ... Mensch, ist die Plaka schön«; und alle zusammen schütteten sich aus vor Lachen. Danach ein Lehrer mit ungefähr zehn Kindern; er erklärte die Akropolis, Plutarch zitierend.
– Seltsam, meinte Stratis, die Kinder hören ihm wirklich zu.
– Diese Nächte werden uns vieles lehren, sagte Nondas listig, vorausgesetzt, wir wissen, sie richtig zu nutzen.
– Genau, erwiderte Nikolas, ich hätte Gebrauchsanweisungen ausgeben sollen; jetzt ist es zu spät.
Salome kam nicht; Stratis war zumute, als hätte er bei einer Tombola die ganze Akropolis gewonnen und wüßte nun nichts damit anzufangen. Er ging zur Bank, wo Sphinx und Lala saßen; die anderen folgten ihm; Kaliklis schwang weiterhin seine Reden und gestikulierte.
– Es ist elf durch; steigen wir nun nach oben, oder gehen wir nach Hause? fragte Nikolas.
Sphinx sah Stratis an:
– Eigenartig, daß Salome sich so verspätet; wir beiden saßen eine Weile mit Fustos zusammen. Ich bin dann fort, weil Klis auf mich wartete; sie ging für einen Moment mit hoch in sein Atelier und wollte dann herkommen. Eigenartig ...
– Ist Fus*k*os der, der dich malt? fragte Lala.
Sphinx' Blick huschte zu Kaliklis; sie lachte und korrigierte:
– Fus*t*os; das heißt, ich helfe ihm ... ich habe ihm geholfen, seinen Ödipus zu Ende zu bringen.
– Das wußte ich gar nicht, sagte Kaliklis unbeeindruckt.
– Schön, wenn man helfen kann, meinte Lala. Ich fühle mich manchmal so nutzlos.
– Wenn du willst, er jedenfalls wäre begeistert; ich weiß, daß er eine Europa sucht, sagte Sphinx.
– Ich meine nicht Fus*k*os, erwiderte Lala, was müßte Europa denn tun?
– Sie hat zwischen zwei Hörnern zu sitzen, sagte Kaliklis. Los, laßt uns hinaufsteigen!
– Wollen wir nicht lieber schlafen gehen, bettelte Nikolas.

– Und die Wasser der Flüsse in den Fläschchen, stichelte Sphinx.
– Das ist es; unsere Ideen sind unser Gefängnis, antwortete Nikolas und trottete folgsam hinter den anderen her, die sich aufgemacht hatten.
Sie stiegen die Treppen hinauf. Vorneweg gingen Kaliklis, Sphinx und Nondas; hinter ihnen Nikolas, Lala und Stratis; weiter oben liefen lautstark schwatzende Deutsche; immer wieder fiel das Wort »Baedeker«.
– Kaliklis kann so wunderbar sprechen, sagte Lala, nur daß ich manchmal denke, daß seine Worte an einem gleichgültigen Menschen, der mit anderen Sachen beschäftigt ist, abprallen.
– Mit was für Sachen? fragte Nikolas.
– Ach, mit nichts Schlimmem; sagen wir, spazieren gehen oder Kaffee trinken.
– Und worüber sprach Kaliklis, fragte Stratis.
– Über das goldene Vlies. Er sagte, es symbolisiere die ewige erotische Begierde; ich weiß nicht, wie ich das erklären soll; von einer neuen Wissenschaft sprach er, der *Psychalyse.*
– Bravo, Lala, sagte Nikolas, *Psychalyse.* Der Unschuldige spricht wahr.
– Ich hab das nicht ganz verstanden; er meinte, wir wüßten nicht, was wir lieben; aber er sprach mit solch einer Gier.
Auf der obersten Treppenstufe jauchzten die Deutschen auf; sie umarmten alle die erste Säule, die sie entdeckten, als wollten sie sie umstoßen; die Säule fiel nicht um, und das schien sie außerordentlich zu befriedigen. Sie gingen mit einem einstimmigen »Ja« auseinander. Als Stratis an dieselbe Stelle kam, sah er zurück; die marmorne Treppe war wie leergefegt: »Mit dieser Gliederpuppe ist es aus«, sagte er sich. Er lief herum auf der Akropolis, als würde er, soeben an Bord eines Schiffes gegangen, dieses erkunden. Die im Mondlicht versunkenen Marmorblöcke verloren ihre Schwere, schienen aus einer Substanz zu sein, die sich unter dem Blick zersetzt; am Horizont hielt

sich noch tapfer die Silhouette des Hymettos. Dort verweilte sein Blick für einen Moment. Er stand auf der östlichen Bastion zwischen vielen Leuten. »Mensch, hier stürzen sie sich runter.« Stratis hörte die Stimme des Mannes von den Ionischen Inseln heraus. Die anderen sangen Barkarolen. Er ging Richtung Museum und traf Lala. Aufrecht stehend, mit erhobenem Haupt, den Rücken gestreckt, erweckte sie den Eindruck, als atmete sie das Licht ein:

– Ich habe dich gesucht; ich will dir was erzählen. Ich dachte mir, Salome wird bald hier sein, und vielleicht finde ich keine andere Gelegenheit.

– Ausgeschlossen, daß Salome kommt, ich wußte es, erwiderte Stratis rasch und schämte sich seiner Schwindelei.

Ihre Taille war unglaublich schmal; auf ihren Armen lag ein kompakter Glanz; ihre schweren Flechten wanden sich gleich einem goldenen Strahlenkranz um ihre Stirn, die ins Nasenbein überging und sich in den Augenhöhlen verlor: »Ihr Blick ist heute nicht matt, und auch ihr Körper nicht; wie kann sie denn so sein, so in sich gekehrt?« fragte sich Stratis. Lala fuhr fort, ganz auf ihre Worte konzentriert:

– Gestern nacht träumte ich, ich sei *ein Haus voll Dunkelheit.* Das ist alles. Ich dachte, es könnte dir helfen.

– Setzen wir uns irgendwo hin, sagte Stratis zu ihr.

Sie gingen weiter. Vor dem Parthenon-Tempel gerieten sie in eine unruhige Menschenansammlung. Sie beobachteten einen schwarzgekleideten Menschen, der zwischen den Säulen gestikulierte und rief:

– Weh ihnen! Weh ihnen! Sie haben sich auf den Weg des Brudermörders Kain begeben. Sie überlassen sich der verführerischen Geldgier – wie Bileam. Sie finden ihr Verderben in ihrer Auflehnung – wie Korah. Sie sind Schandflecken bei euern feierlichen Liebesmahlzeiten, weil sie ohne Hemmung teilnehmen und doch nur sich selbst mästen. Sie sind Wolken ohne Regen, von Winden hin und her geweht. Sie sind Bäume ohne herbstliche Frucht, völlig abgestorben und entwurzelt.

– Bravo, Batsakatsas, jubelten zwei, drei Zuhörer.
Der Schwarzgekleidete reckte den Hals, seine Stimme überschlug sich; er trug einen Hut:
– Seht euch um: Die Tempel der Sittenlosigkeit sind eingestürzt! Gefallen ist Babylon, die große Stadt, und wird nun von Dämonen bewohnt; sie gab allen Völkern von dem berauschenden Becher ihrer Unzucht zu trinken. Die Sünden schreien gen Himmel, und Tod kommt über uns ...
– Ba- ! Ba- ! Batsa- ! Katsas! Ba- ! Ba- ! Batsa- ! Katsas!
Er steigerte sich noch weiter hinein:
– ... und Tod kommt über uns und Trauer und Hunger und Feuer, und ihr werdet mit Haut und Haar verbrennen! Tut Buße! Tut Buße!
Die Menge wogte und ging auf ihn zu. Batsakatsas flüchtete sich in den Parthenon.
Die Südseite des Tempels, zur Mitte hin, war der hellste und einsamste Ort der Akropolis; sie setzten sich dort auf eine Stufe.
– Anders hier, sagte Lala, wieder genau auf ihre Worte achtend, und doch war der Mond damals derselbe. Es ging ein brandheißer Wind mit Fliegen und Mücken. Wir hatten uns auf der Veranda versammelt. Die fanatisierten Massen bewegten sich gleich Ameisen vorwärts, um unter unseren Blicken die Brücke zu überqueren. Allen voran eine Fahne und eine Trommel: Tam-Tam, Tam-Tam, Tam. Die anderen folgten unter dumpfem Lärmen; und der Fluß strömte schmutzig gelb dahin. Mitten auf der Brücke brach das Trommeln unvermittelt ab; und der Trommler stürzte zu Boden; ein paar Leute hoben ihn hoch und nahmen ihn mit; die anderen verharrten dort wie stehende Gewässer, die nicht wissen, wohin sie sollen. Man gewann den Eindruck, ihr Leben sei dieses Tam-Tam; und jetzt hatten sie nichts mehr; sie waren zu einem See geworden.
– Wo ist das alles passiert, fragte Stratis verwundert.
– Weit weg, in Asien, vor zwei Jahren.
– Vielleicht besteht die einzige Schwierigkeit darin, solch ein

Tam-Tam zu finden; aber, wie du siehst, ist der Trommler nicht an unseren Willen gebunden.

Batsakatsas ging mit seinem schwarzen Hut an ihnen vorüber; er unterhielt sich mit einem kleinen Mann, der neben ihm herhoppelte und den Kopf reckte, um Antwort zu geben.

– Was hecken die denn aus? entfuhr es Stratis.

– Batsakatsas, fragte Lala, und der andere?

– Der andere ist der Fremdenführer der Akropolis, und zwar in allen Sprachen.

Stratis erinnerte sich wieder, daß Salome nicht gekommen war.

– Aber warum sind wir geboren worden, sagte Lala, warum ist das alles entstanden? Mein Gott, dieser See, dessen Wasserspiegel ständig sinkt.

Da vernahmen sie jemanden hinter sich voll Überschwang:

Seht den Major Papafigos
auf seiner Stute klein, genannt Blitz;
und ganz zu Recht rief man sie Blitz,
denn sie lief so schnell wie der Blitz.

Stratis wandte den Kopf; die beiden, die etwas weiter weg auf der nächsthöheren Treppenstufe saßen, sahen aus wie zwei Plebejer. Der eine fragte:

– Mensch, Chlepuras, wie bist du denn darauf gekommen? Wo wird wohl jetzt die Seele des tapferen Papafigos herumgeistern? Wo werden wohl jetzt die Seelen all jener Menschen sein, auch dieser da, die solche Bauwerke errichtet haben? Wo werden die wohl sein?

– Es sind unsere, das würden die Seelen uns sagen, mein lieber Vizaniaris, antwortete sein Kamerad; wahrscheinlich waren sie beschwipst.

– Was soll's? Wir werden's sowieso nie erfahren, meinte Vizaniaris.

– Na, wissen wir denn immer, daß wir wissen, was wir wissen? fragte Chlepuras. Guck mich an, so viele Jahre schon bin ich Trambahnfahrer. Ambelokipi – Patissia, Patissia – Ambelokipi; Glocke, Abfahrt; Glocke, Halt; und wieder von vorn das Ganze. Was war mein Leben? Ein Rad, das sich im Kreis dreht. Was hätte ich sonst auch tun solln? Vorgestern ging mein Fahrzeug kaputt, und ich stieg aus. Schon kam das nächste heran; ich sah es näher kommen, die Gleise heraufsteigend, wie so 'ne Rakete, weißt du. Seitdem denke ich manchmal, ich sollte nicht weiter dieselbe Runde drehn; nein, auch ich könnte nach oben steigen.

– Ach, Alter, ehrwürdiger Vater! stöhnte Vizaniaris.

– Der Alte bin ich, und ich habe das Recht auf Vergebung, stöhnte der Fahrer zurück.

– Paß auf, daß du nicht schrullig wirst, sagte Vizaniaris. Ich hatte einen Kollegen, der so wie ich mit einem Phonographen herumzog. Eines Tages sagte er zu mir: »Ich bin ein nobler Mensch und sympathisch; ich bin nicht wie ihr, wie irgendwelche Haschischraucher, wie irgendwelche Schuhputzer, die mit einem Sprachrohr vor dem Mund durch die Straßen ziehen. Musiker bin ich; ich habe Würde; ich spiele im Tbc-Asyl. Die Stanniol-Platten, die die Schwindsüchtigen hören wollen, Traviata, Tosca und so, sind billig; ich mache gutes Geld.« Zuletzt packte ihn die Traviata, und er verließ uns für immer.

– Gott sei ihm gnädig, sagte Chlepuras fast theatralisch.

– Amen, sagte Vizaniaris. Es wird Zeit, daß wir gehen. Sie bewegten sich zum Ausgang auf der Westseite, als der erste Pfiff zu hören war. Der Trichter des Phonographen auf Vizaniaris' Schulter glich einem Handwerkszeug des Pluto.

– Laß uns auch gehen, sagte Lala.

Da war der zweite Pfiff zu hören, und Salome tauchte auf:

– Ich bin spät dran; wo sind die anderen?

Ihr Haar war wirr, ihr Atem ging rasch. Stratis zeigte auf Lala, die allein Richtung Nike-Tempel ging:

– Lauf, daß du sie noch einholst. Du hast Kaliklis' Geschichte über das Goldene Vlies verpaßt ...

– Es ging aber nicht anders; zum Glück hab ich es noch geschafft ...
– Das Goldene Vlies, erzählte Kaliklis, ist das Symbol ewiger Liebe; alle suchen wir danach, wissen aber nicht ...
Salome fiel ihm ins Wort; nie zuvor war sie so demütig:
– Ich bitte dich; nur wegen dir bin ich so spät noch gekommen, nur deinetwegen bin ich jetzt hier.
Stratis erwiderte mit derselben profillosen Stimme:
– Ich habe so viel in meinem Leben gewartet, daß ich die Natur des vergeblichen Wartens inzwischen begriff: Wenn man ein Mädchen ohne Hut beim Museum um die Ecke biegen sieht, wird die Straßenbahn voll sein und nicht halten; wenn man ein Taxi erblickt, dessen Nummer auf Vier endet, wird man den Tabakhändler nicht in seinem Kiosk antreffen; wenn man einen unrasierten Mann mit gespitzten Lippen sieht, ohne sein Pfeifen zu hören, wird man auf die Person, die man erwartet, vergeblich warten.
Lala versuchte, sich seiner Stimmung anzupassen:
– Und du hast ihn gesehen, den Unrasierten mit den gespitzten Lippen?
– Klar hab ich ihn gesehen, sagte Stratis, und du weißt ganz genau, daß es nicht Herr Fustos oder Fuskos war.
Einen Augenblick hielt sie wie vom Blitz getroffen inne, dann hakte sie sich bei ihm unter. Sie sprach stockend:
– Hör zu; es stimmt, ich hab mit ihm geschlafen; jetzt bin ich weg von ihm. Ich mußte es tun, ich mußte mich ausprobieren. Ich habe mich diesen Monat sehr herumgequält. Nun bin ich schlauer; nimm mich hier auf diesen Marmorsteinen, bring mich um, aber hör auf, so unmenschlich trocken zu sein.
Sie war Feuer und Flamme. Ihre Brüste regten sich unter dem Kleid wie Früchte zwischen dem Laub. Stratis empfand ihren Körper wie im Mondlicht aufgelöst; über den Marmor gebreitet, über des Hügels Rücken, und er atmete ihn ein. Gerade wollte er sich über sie beugen; da kreuzten sich die Pfiffe der Wärter, die von überallher kamen. Sein Blick fiel auf das ober-

ste Knopfloch ihres Kleides, das offenstand. Ihm war, als hätte ein Idiot ihm mit der Eisenstange eins über den Schädel gezogen.
– Ich glaube, wir haben den Laden dichtgemacht, sagte er zu ihr und steuerte auf die anderen zu.
Sie versammelten sich alle bei den Propyläen. Sphinx sah Salome ohne Erstaunen an:
– Ach, du bist gekommen; was hältst du von Fustos' Arbeiten; hast du gesehen, wie gelungen seine Aktstudien sind?
Salome sagte forsch:
– Marigo, komm! Lala, komm! Ich muß mit dem Taxi fahren.
Etwas weiter unten hielten sie eins an. Lala stieg als letzte ein. In Stratis' verwirrtem Geist erstand das Bild von Isaak, der sich zur Opferung aufmacht.

*

– Uff, sagte Kaliklis, ich bin der Meinung, wir sollten zu den Mädchen gehen.
– Wer ist denn dieser Fustos, fragte Nondas, als hätte er den Satz überhört.
– Ein Joghurtverkäufer, antwortete Nikolas.
– Gehen wir zu den Mädchen, sagte Stratis.
– Ich dachte, du läßt dich da nie blicken, reagierte Nondas erstaunt.
– Die Akropolis hat uns verwandelt, meinte Kaliklis. Ein Hoch auf die Akropolis! Gehen wir!
Sie liefen den Abhang hinunter Richtung Anafiotika. Als sie durch die ersten Gassen gingen, stießen sie auf den Fremdenführer der Akropolis, der humpelnd vor ihnen herlief.
– Tut Buße, rief Stratis ihm zu, während sie ihn überholten.
– Ach, Batsakatsas, sagte der. Ein Lebenskünstler, was soll er machen? Ich will ihn jetzt finden, um ein Gläschen mit ihm zu trinken.
– Gute Nacht, grüßte Stratis ihn, wir werden uns wiedersehen.

– Wer war das? fragte Nondas.
– Ein Kuppler des Vertrauens; irgendwann mal werde ich ihn dir vorstellen.
Nondas drehte sich um und betrachtete den Menschen, den sie hinter sich gelassen hatten, als wollte er ihn sich tief ins Gedächtnis einprägen.
Nikolas flüsterte ganz ruhig, ganz gelassen:
– »Retournons à notre propos. – Quel? chier? – Non, mais torcher le cul.« Nondas, übersetz das!
Er lachte mit seinem immer gleichen gütigen Gesichtsausdruck.

*

Sie kamen auf die Eolos und liefen diese hinunter bis zu einer Nebenstraße nahe der Kirche des Heiligen Konstantinos. In dem Moment, als sie das Haus fast schon erreicht hatten, verschwanden in der Tür drei flüchtige Schatten. Sie klopften. Es öffnete eine zahnlose Alte mit dem Eifer eines Stewards, der sich um in Seenot geratene Passagiere kümmert.
– Geht es nicht morgen? Heute kommen wir nicht hin bei so viel Kundschaft.
Dann erkannte sie Nondas:
– Meinetwegen, herein mit euch.
Der schmale, lange Korridor ohne Überdachung führte zu einer Holztreppe. Auf dem nassen Beton glänzte das weißliche Mondlicht, das sie jetzt mit den Füßen traten; im Hintergrund bläulich die aufgehängten Laken. Die Alte trat nach einer Katze, die ihr zwischen die Füße geraten war, und stieg die Treppe hinauf; die Stufen knarrten; Stratis folgte als letzter. Auf dem obersten Absatz machten sie halt; wieder eine Tür, wieder ein Korridor, im Halbdunkel. An dessen Ende bewegte sich eine Gestalt.
– Domna, sagte Nondas und ging eilig auf sie zu.
Stratis vernahm ein leises Gemurmel, das ihn an eine Prozession erinnerte, die er vor drei Jahren in der Fremde hatte vor-

beiziehen hören. Nondas kam zurück. Ihm folgte eine kleine fette Frau. Mit einer schwarzen Kordel um die Hüften wurde ihr rosa Hemd, das kaum die Oberschenkel bedeckte, zusammengehalten. Sie musterte die Männer einen nach dem andern und sagte zu ihnen:
– Wartet ein wenig, ich werd euch schon was besorgen.
Sie warteten. Plötzlich ertönte aus dem Trichter eines Phonographen:

Hab keine Angst, hab keine Angst,
ängstige dich nie wieder,
bald wird es dir besser gehn ...

– Ach, der Vizaniaris, dachte Stratis.
Sie warteten weiter. Kaliklis schien bestens gelaunt zu sein:
– Mensch, Kinder, seit wir hier reingekommen sind, geht mir folgende Geschichte nicht aus dem Kopf. Irgendwann im letzten Sommer besuchte ich das *Atheneum*; die Attraktion: eine Frau, die splitternackt auf die Bühne kommen sollte. Samstagabend, das Theater rammeldickevoll; schreckliche Hitze. Zuerst waren die Akrobaten dran, dann die Zauberer, ein Bauchredner, endlich der große Augenblick. Das Bühnenbild: ein Tischchen mit Spiegel und ein Stuhl; die Geige spielte sehnsüchtig. Eine große, dunkelhaarige Frau stolzierte herein, setzte sich, sah in den Spiegel und tat so, als würde ihr heiß. Dann stellte sie sich in die Mitte der Bühne und begann, ihre Kleider auszuziehen; das alles sehr ungeschickt, die arme. Die Geige wimmerte noch mehr. Als die Frau bei Schlüpfer und Büstenhalter angelangt war, setzte ein Trommelwirbel ein; dann zog sie auch diese aus ...
– Und? fragte Nondas.
– Und, antwortete Kaliklis, ein herzhaftes, ungezügeltes Lachen ließ das ganze Theater erbeben. Ich muß euch gestehen, die Frau war gut gebaut, keine Spur von etwas Lächerlichem; im Gegenteil. Warum haben sie gelacht? Das ist die Frage.
– An Stelle einer Steinigung, sagte Nikolas.

– Wir sind eine Rasse ohne Einfühlungsvermögen, sagte Nondas.
Eine Tür öffnete sich und entließ ein Schlurfen in die Welt; zwei Männer erschienen, der eine hinter dem andern, und zukkelten an ihnen vorbei. Ihr Atem stank nach Wein; der zweite mit dem Trichter auf der Schulter.
– Aber ich sage dir doch, du kannst nichts dafür, murmelte Vizaniaris, die Akropolis ist daran schuld.
– Akropolis hin, Akropolis her, mein Gewissen plagt mich, entgegnete Chlepuras.
– Nein; hör auf mich; ich bin Künstler und muß es wissen; ich hab recht, sagte Vizaniaris.
Chlepuras warf betrübt ein:
– Natürlich hast du recht; alle, die unrecht haben, sind im Knast, aber …
Die aus Brettern gezimmerte Treppe knarrte abermals. Kaum war der Trichter von der Bildfläche verschwunden, erschien Domna. Die Kammer mit den indigoblauen Wänden, in die sie die Männer führte, glich einem Würfel. Zwei Sofas und in der Mitte ein Tischchen. Darüber ein blaues Licht.
– Ihr müßt noch ein wenig warten; heute gibt es viel zu tun, sagte sie zu ihnen.
Ihre Brust wirkte wie eine zentnerschwere Last. Nondas' Gesicht nahm einen lüsternen Ausdruck an:
– Macht nichts; du und noch eine reichen uns; wir sind Freunde; sogar du allein würdest uns reichen.
– Von wegen, sagte Kaliklis, wir bräuchten die ganze Nacht.
– Einen Moment, sagte Domna, ich glaube, Kula ist fertig; ich geh sie holen.
Stratis starrte auf die Wände und wurde an die im Hof aufgehängten Laken erinnert.
– Mensch, Leute, sagte Nikolas, findet ihr nicht, daß dieses Licht wie eingesperrtes Mondlicht ist?
– Die Akropolis der Verdammten, erwiderte Nondas satanisch.

Keiner lachte.
Kaliklis hatte das Bedürfnis, irgendwie zu reagieren oder aus dem Fenster zu springen. Er sah zu Stratis; der war nicht anwesend.
– Eh, Nondas, entfuhr es ihm, du bist beides zusammen, Priapos und der Esel des Silinos. Wenn Priapos geil wird, schreit der Esel. Ergebnis: Pustekuchen.
Nikolas mußte laut lachen; Stratis auch:
– Wieso Pustekuchen?
– Weil ich es so will, antwortete Kaliklis.
Ihn überkam die Euphorie eines Siegers; er war nicht mehr zu bremsen. Mit schrecklich vertraulichem Gesichtsausdruck fuhr er unbeirrt fort:
– Jetzt hört mal zu. Versprecht mir, daß keiner von euch was ausplaudert: Ich hab die Sphinx gefickt.
– Wen? rief Nondas und hob die Hände zum Himmel.
– Na, die Marigo; oder wie sie nun heißt. Nach unserem gemeinsamen Abend in der Taverne – weißt du noch, Nikolas, als du betrunken warst und soviel geredet hast – lief sie mir draußen wieder über den Weg. Sie sah mich von weitem an, als wollte sie mich verschlingen. »Ich will mir zusammen mit Ihnen die Hure Kaiserin ansehen«, sagte sie zu mir. »Wunderbar, mit größtem Vergnügen«, antwortete ich. Und dann so ein Schwachsinn; ein Kaffee-Aman in Chicago; aber die Dame rieb ihren Schenkel an meinem Schenkel. Anschließend wollte sie auf den Philopappos-Hügel. Wir gingen dorthin. Sie erzählte mir irgendwelches unverständliches Zeug über den Verfall Europas und so weiter. Als würde es mich kratzen, wenn ganz Europa den Bach runtergeht. Schließlich wurde es mir zuviel, und es passierte auf dem Philopappos.
– Nein, rief Nondas.
– Aber sicher, sagte Kaliklis, und ihr Bauch ist voller Leberflecke; man könnte denken, es sind Oliven, die im Faß schwimmen; wenn du mir nicht glaubst, geh doch hin und guck selber nach.

Nondas wurde puterrot:
– Du bist brutal.
– Ich bin ehrlich.

Die Tür ging auf, und die beiden Mädchen kamen herein. Kula war hochgewachsen; ihr Haar schwarz; das schmale, längliche Gesicht sah aus, als wäre es flachgetreten. Ihr grüner Morgenmantel mit weiten Ärmeln und verworrenen Motiven stand bis zum Bauch offen; die schlaffe und mickrige Brust war zu sehen. Auf Nondas' Gesicht begann sich Zufriedenheit abzuzeichnen; mechanisch erhob er sich:

– Wir sind spät dran, sagte er zu ihr, am besten wir legen gleich los.

Kula bewegte sich zur Tür; die weiten Ärmel schlenkerten hin und her im gedämpften Licht.

– Paß auf, daß der Esel nicht zu schreien anfängt, rief ihm Kaliklis lachend hinterher.

– Worüber habt ihr euch unterhalten? fragte Domna.

– Über meine Verlobte. Ich fragte die Jungs: Soll ich sie nun heiraten oder nicht?

– Heirate sie, meinte Domna. Alle ehrbaren Frauen sind durch die Bank weg verlogen und machen einem was vor. Welche du auch nimmst, sie wird dir Hörner aufsetzen. Jetzt gerade war ich mit einem Familienvater zusammen, der bei mir Trost suchte, weil er, wie er mir erzählte, seine Frau mit dem Krämerburschen erwischte. Eine Alte mit vier Kindern, und hat sich nicht mal geschämt. Und das Bett knarrte, und der Phonograph spielte, damit der Kleine nebenan nichts hört.

– Das war bestimmt der mit dem Trichter, sagte Stratis.

– Genau der, bestätigte Domna, aber jetzt woll'n wir mal; draußen warten noch viele. Wer ist dran?

– Geh du, sagte Kaliklis zu Stratis, ihm auf die Schulter klopfend.

Das Bett war uralt. Seine vier gedrechselten Pfosten zeigten zur von Rissen durchzogenen Zimmerdecke. Domna entledigte sich ihres Hemdes und legte sich hin. Stratis setzte sich auf den

einzigen Stuhl und musterte ihre massigen Knie. So, wie sie da auf der Seite lag, schmiegte sich ihre Brust friedlich ins weiße Laken, gleich einer Stirn.
– Hast du jemals die Karyatiden gesehen? fragte er sie.
– Sag mal, mein junger Held, bist du zum Ficken gekommen oder willst du mich veralbern?
Stratis wollte aufstehen, konnte sich aber nicht auf den Beinen halten. Er suchte in seinen Taschen alles Geld zusammen, das er bei sich hatte, und gab es ihr:
– Ich bin nicht hier, um dich zu veralbern; ich bin aus demselben Grund gekommen wie der Mann mit dem Trichter. Die Karyatiden sind Statuen.
Domna sah erstaunt zu ihm herüber und zählte mit ihren kräftigen Fingern die Geldscheine:
– Du hast mir aus Versehen auch das hier gegeben.
Es war die nichtabgerissene Eintrittskarte von Salome. Er ließ sie in den Eimer fallen, der neben ihm stand.
– Von wo stammst du?
– Aus Aivali.
Stratis betrachtete sie noch eine Zeitlang. Es war genau so, als wenn sie tot gewesen wäre. Sein Blick blieb an einer Narbe, die ihre Flanke zeichnete, hängen.
– Ein Kratzer von einem Messer; ein Malteser in Piräus.
– Gute Nacht, wünschte er ihr.
Sie erhob sich und trat zu ihm. Er spürte die Wärme ihres Körpers. Und da fiel ihm auf, wie müde ihre Brust war; als wäre sie geschunden worden.
– Wenn du wiederkommst, brauchst du nicht bezahlen, sagte sie nüchtern.

Eine Bäuerin, auf einer Schwelle sitzend, stillte ihren Säugling wie in uralten Zeiten. Stratis bückte sich, küßte sie auf die Schulter und ging hinaus in die Nacht, ohne an die anderen zu denken.

Dritte Nacht

EIN OHRENBETÄUBENDER Lärm drang in Stratis' benebeltes Hirn und riß ihn aus dem Schlaf. Der massive Träger mitsamt der Gardinenstange war zu Boden gestürzt. Stratis erhob sich, räumte die Teile beiseite und klopfte sich den Staub von den Händen. Die Nacht war hereingebrochen; schwaches Scheinwerferlicht erhellte die Büsche rings um das Museum. Das Klavierspiel in der Nachbarschaft mischte sich in das Scheppern der Trambahn. Stratis ging, sich zwei Eimer Wasser überzugießen, und setzte sich dann an den Tisch.
Er nahm einen Umschlag, der auf einem Bücherstapel lag. Nachdem er ausgiebig die Poststempel betrachtet hatte, öffnete er ihn und las:

Paris, 27. April

Lieber Stratis,
Es ist beinah zwei Monate her, seit dein Brief hier eintraf; jetzt erst komme ich dazu, darauf zu antworten. Ich habe dieses Jahr sehr viel für meine Doktorarbeit getan. Das Thema, das mich außerordentlich interessiert, wird dir, glaube ich, gefallen: Platonisches Gedankengut in der Dichtung der Symbolisten. Dieser Tage schreibe ich am Kapitel über Mallarmé. Schade, daß du nicht hier sein kannst. Ich wüßte nur zu gern, was du dazu meinst. Ich entsinne mich oft jener starken Wehmut, die dich trieb, in die Heimat zurückzukehren. Du wolltest auf keinen hören. Sagtest, es gebe keine andere Erlösung, dir fehle deine Erde. Aber Erde ist dort, wo wir arbeiten können, glaube ich. Hier bin ich ein Fremder, hoffe jedoch, irgend etwas mit mir anfangen zu können; wie sollte das in Griechenland möglich sein, wo sie alles vernichten, als seien es Heuschrecken. Ich glaube, das waren deine Worte …
Am Nachmittag war ich mit N. im Luxembourg. Der Frühling mild; beim Abendläuten brachen wir wieder auf. Gestern hörte sie sich *König David* an und traf F. wieder, nach Mona-

ten. »Schau, daß du dir dein Glück bewahrst«, sagte sie zu ihr. »Es bedeutet viel, wenn man jemanden an seiner Seite hat; mir ist nicht mal der Hund geblieben.« Seit ihrem Unfall wirkt sie sehr verändert. Der Zustand ihrer Hand hat sich um einiges gebessert, aber noch ist völlig unklar, ob sie jemals wieder spielen wird.

Ich schreibe dir das alles, weil ich weiß, wie sehr du sie gemocht hast. Damals, als wir uns trafen, gehörte sie zu den bedeutendsten Frauen, die ich kennengelernt hatte. Wer weiß, wohin das Schicksal sie jetzt verschlägt.

Ich habe versucht, keine Gallizismen oder französischen Wörter zu benutzen ...

Stratis warf den Brief ins Schubfach und schloß es mit einem Stoß. Er legte die Stirn in seine Hände und schaute nach innen. Gerade kam er von einem Konzert und ging am Ufer des Flusses entlang. Spät abends. Die schweren Fahrzeuge rollten vorüber und ließen ein Poltern folgen. Man hatte Franck gegeben, die Sinfonie in d-moll. Der Rhythmus des Allegro non troppo schwoll ständig an, türmte sich auf und zerschellte auf dem rutschigen Pflaster, in der riesigen Stadt, zusammen mit ihm. Das Verlangen, sich zu artikulieren, ließ ihm das Herz aufgehen. Er fühlte seine Stimme unfähig, einen Laut hervorzubringen, bis in alle Ewigkeit; und wieder die Musik, und wieder die Wörter hart in seinem Mund gleich Kieselsteinen. »Weit weg im Westen, vor zwei Jahren ...«, »Weit weg im Osten, vor zwei Jahren ...«, flüsterte er, »... stehende Gewässer, die nicht wissen, wohin ... unter dem schweigsamen Mondlicht ...« Er sah in die vier Ecken seiner Kammer. Vor ihm der Schrank mit dem Spiegel, rechts davon das kaputte Bett, in der linken Ecke der Heiligenschrein, eins der wenigen Überbleibsel aus seiner Kindheit. Dann das Fenster, unten die Gardinenstange, das Bücherregal. Er streckte die Hand nach einem Buch aus. Sie kam zurück, leer. Mit der anderen nahm er den Federhalter und schrieb:

Nachdem Stratis allein auf der Akropolis zurückgeblieben war,
stellte er sich auf einen Stein und sagte:

Unermeßliches Mondlicht!
Bruchstücke, Gerüste!
O, kaputte Säulen,
O, großes Durcheinander.
O, welch ein Flüchten.

Sphinx, Lala, Kaliklis, fort.
Nondas, Nikolas, fort.
Fort auch Salome.
Gerechtigkeit!

Die Frauen, die ich geliebt, waren zärtlich; nur daß die Trennung sie sehr bald in ihr eisernes Kleid gesteckt hat.
Noch bin ich nicht frei, darum spreche ich. Ich bin diesen weißen Formen verhaftet, noch weißer als Gregorius Akragantinos in der Kirche von Dafni. Aber wenn ich bald ungestört in meiner Einsamkeit sein kann, werde ich, das weiß ich, wieder so schweigsam wie früher leben, weil ich nicht entscheiden muß, was ich als erstes berühren soll, und alles wird wieder zauberhaft sein.
Was war ich, als ich meine Beine durch die finstren großen Städte schleppte? Was war ich, als ich traurig zwischen Omonia- und Sindagma-Platz hin- und herlief? Ein Schatten; ein Traum der anderen vielleicht.
Die dicht aufeinander folgenden klotzigen Rohbauten und die Menge, die du nicht kennst, die dich nicht kennt. Die einzig und allein der Beschäftigung nachgeht, ihre Kleidung altern zu lassen, ihre Gedanken, ihr Herz. Und du siehst: einen Mantel, der seit gestern nicht mehr getragen werden kann, eine Falte, die am Morgen noch nicht zu sehen, eine Liebe, die gerade noch ewig war. Ein Altern, hartnäckig wie Nieselregen; und es kommt einem in den Sinn, daß sie alle, würde man anfangen zu

reden, wie Säuglinge zu quarren begännen – daß einem die Lippen beben müßten und man fortgehen würde.
Daß man gehen würde durch irrwitzige Inszenierungen: stählerne Brücken, die wegbrechen und forttreiben wie Schiffe; Bassins mit Wasserspielen, die sich zu Ozeanen weiten; Frauen, die zerschmelzen im Schlamm der Straßen; Männer, die sich verwandeln in Bauruinen mit tausend dreckigen Zimmern. Und eine Fieberwelle aus Elektrizität und Hunger, die umgeht.
Wer sah diese öffentlichen Shows?
Vielleicht du als einziger, lieber Freund, der du dein Leben aushauchtest eines Morgens im Februar, während die an deinen Fensterscheiben haftende Nacht sich aufzuhellen begann wie ein verbranntes Stück Papier. Du warst unrasiert, zugedeckt mit einigen uralten Sakkos; die Hemden der Schlange, wie du sie nanntest. Du hast mich ein Gedicht vorlesen lassen, das ich nicht kannte:

Gesegnet der unfruchtbare Strand,
wo alles nackt gleich dem Meer …

– du hast aufgeschluchzt. Du hast die Zähne zusammengebissen und geflüstert: »Es ist nichts weiter … ein Angriff des Schicksals mit Tränengas.« Dein Atem ging schwer. Du sagtest noch: »Wenn ich fertig bin, will ich, daß du mich aus dem Fenster schmeißt. Ich werde nicht auf das Pflaster stürzen …«
Du lebtest umgeben von Wundern; du hattest wahrscheinlich recht zu glauben, daß ein weiteres Wunder deinem Tod folgen würde, in treuem Einvernehmen. Aber wie konntest du vergessen, daß wir uns nicht auf die Versprechungen stützen können, die die Welt uns gibt, da sie sich doch verändert, sooft ein Mensch geboren wird oder stirbt. Du hast Schluß gemacht, und nicht mal ich folgte dir zum Grab. Ich verließ dich in großer Eile, als würde ich deinem letzten Atemzug hinterherrennen, der die Treppen hinunterlief.
Ich trat ins Freie. Die Laternen spiegelten sich doppelt auf der

nassen Straße. Ich stützte mich auf das Geländer am Ufer des Flusses. Der grüne Morgen machte sich in der Ferne bemerkbar. Auf der Reling eines Lastkahns erschien ein Mensch, der sich die Hände wusch; ich sah, wie diese sich verschränkten gleich den Vorderbeinen einer Fliege. Ein Trupp von Arbeitern und Arbeiterinnen kam vorbei, in ausgelassener Stimmung. Sie glaubten, ich sei ein betrunkener Partylöwe, und fluchten auf mich. Ich fühlte mich so allein, als wäre ich der letzte Kyklop aus einer verlorengegangenen »Odyssee«.

Die Kirche mit den geköpften Türmen war rechts von mir zu erkennen. An mein Gesicht schmiegte sich, weich wie eine Daune, der Morgen. Die Häuser, gereinigt von den Blicken der Leute, lächelten zahm. Eine unbezwingbare Fürsorge leckte an meinem Hals, eine allumfassende Güte. Da schloß sich eine Tür, und ich hörte Schritte auf dem Fußweg. Wie kann die Seele durch ein Nichts erschüttert werden? Die schlaflosen Greise, die in der dunklen Kammer nach ihrer Arznei suchen; die Paare, die der Schlaf in einer beliebigen erotischen Stellung überkommt; die Jungfrauen und Knaben, die träumen, ihre Hand am Geschlecht; die Säuglinge mit vom nächtlichen Weinen aufgequollenen Wangen – in schmalen Betten, in breiten, aus Holz, aus Eisen, auf Matratzen, plötzlich auf Sofas, in Wiegen, sie begannen vor mir zu tanzen wie Wasserfahrzeuge, die gegen einen eigentümlichen Aufruhr ankämpfen. Als sie zur Ruhe kamen, gewann ich den Eindruck, als würde ich eine riesige Leichenhalle inspizieren.

Der Mond scheint, und der Rücken des Hymettos schimmert sanft wie die Barmherzigkeit der Jungfrau. Aus der Stadt unten steigt der hohe Ton einer Flöte herauf, der unterstreicht – was unterstreicht? ... Ein paar Sätze kehren zurück und vielleicht, im besten Fall, zwei, drei Gesten. Ich quäle mich. Manchmal, in der verschlossenen Kammer, plage ich mich damit ab, das Vergangene aufzurechnen. Es schwillt an, als würde eine Kristallkugel draus. Um etwas erkennen zu können, muß man die Augen stundenlang darauf richten. Danach bin ich immer wie

gehetzt und krank, über Wochen, ein Schreckgespenst und ein Skandal in den Augen meiner Mitmenschen, mit einem irrsinnigen Schmerz, weit weg in jener Stadt, wie der Krüppel, den der Gedanke an sein abgenommenes Bein schmerzt.
Am Kai, irgendwo lehnend, ließen all die Verschlafenen mich eine Menschheit sehen, die mich vertrieb. Dann, nachdem alles erloschen, erschien vor meinem inneren Auge das Idol deines Parthenon, o Athene, in den Farben des Konfekts, rosenrot und pistaziengrün, und ich beschloß zurückzukehren.
Ein Same, der wieder in heimatliche Erde gelegt wird, ist ein Same, der zu keimen beginnt; ein Grieche, der auf die heimatliche Erde zurückkehrt, ist ein Mensch, der zu fluchen beginnt. Griechenland, ich ertrug dich, du gingst mir in Fleisch und Blut über; von dir bin ich besessen. Und die Kameraden, die wie ich an Ursprünge und an Heimkehr glaubten, sehe ich sich ändern, Tag um Tag, wie bei einem chemischen Prozeß, würde ich sagen. Der eine verlor erschreckend schnell die Hoffnung; er ging wieder fort und wird sein Leben lang fortgehen. Der nächste amüsiert die Damen mit Phrasen, die er vordem verabscheut hatte; gestern wurde er zum Minister berufen. Der nächste sagt, er selbst sei die falsche Kore des Erechtheion, die aus Ton gefertigte Kopie einer leibhaftigen Existenz, die in der Fremde blieb. Wie viele andere auch. Und dieser da, nachdem er den ersten Zaun um sich herum gezogen hatte, fühlte, daß er noch eines weiteren bedurfte wegen der Gefühle, die draußen herumgeisterten; und noch eines, und noch eines. Bis sein Herzschlag nicht mehr zu hören sein würde; zerteilte man das Herz, sähe man, es ähnelt einer Zwiebel.
Wir sind die Mannschaft auf einem riesigen Segelschiff, das mit gerefften Segeln dahintreibt, wie viele Jahre schon. Wir haben Hunger. Einige werden verrückt, andere bringen sich um, und wieder andere fallen zurück ins Stadium der Schüsselmuschel. Einer klettert ab und zu den Mastbaum hinauf, und es kommt uns so vor, als riefe er herrliche Strände aus; unbekannte Flecken Erde. Wir halten Ausschau. Er klettert wieder

nach unten und ist der einzige, der beteuert, daß da nichts sei außer Felsen, Marmor und salzigem Wasser. Wütend werfen wir ihn über Bord.
Wir haben so viel zerstört; wir können ermessen, was wir sind, Kaputte.
Gute Nacht.

Hier gingen Stratis die Zigaretten aus. Er las sein Geschriebenes noch mal durch; dann zog er die Schultern hoch und vermerkte abschließend:
»Das und Vorhang, geliebte Salome – VORHANG«
Er nahm einen Umschlag, klebte ihn zu, adressierte ihn, trank ein Glas Wasser, schloß die Fensterflügel, legte sich wieder hin und schaltete das Licht aus.

STRATIS:

Sonntag

Gegen Mittag ein Schuhputzer als Bote; von Sphinx geschickt: »Longomanos ist zurück, du mußt ihn *unbedingt* kennenlernen. Er wohnt in Kifissia. Empfängt niemanden außer den *absolut Treuen.* Habe ihm *voller* Sympathie von dir erzählt. Wenn du möchtest, gehen wir zusammen hin. So *könnten* wir, ich seh es deutlich vor mir, gute *Freunde* werden.«
Unterstreichungen; eine andere Marotte: die Schienenstränge von Chlepuras.
Mit demselben Schuhputzer sandte ich das gestern Geschriebene an Salome.

Montag

Im Büro bis 9 Uhr abends. Zwischen Stapeln ein paar lose Blätter, Auszüge aus einem Logbuch. Es geht um einen Heizer, der keine Lust mehr zum Arbeiten hat. Er ist kein schlechter Kerl (nach Aussagen des Kapitäns); er hängt an seiner Familie (Frau und drei Kinder, die er zu ernähren hat), aber plötzlich kann oder will er nicht mehr arbeiten. Er hockt auf dem Kohlehaufen und träumt vor sich hin. Ich fühlte mich diesem Mann verbunden; ich kann mir vorstellen, daß er sich, auf seine Art, mit zwei Herren konfrontiert sah: Der eine das Schiff; der andere? Wer mag nur der andere sein, der plötzlich aufgetauchte Engel, durch den er eine Eingebung hatte? »Niemand kann zwei Herren dienen« – mein Gott.
Alle Eintragungen des Logbuchs beginnen: »Wir halten die Stellung, auf weitere Befehle wartend.«

Dienstag

Nachmittags, als wir gegessen hatten, kam Giorgis, der unser Aufseher in den Weinbergen gewesen war. Dreizehn Jahre habe ich ihn nicht gesehen. Aber ich mußte immer wieder an sein vornehmes Äußeres denken, wenn er aus dem Haus trat,

uns zu begrüßen; seine violetten Pumphosen; die bestickte Weste; die Art, wie er sein gelbes Tuch um den Kopf band. Jetzt, europäisch gekleidet, wirkte er auf mich wie einer, den man bloßgestellt hat. Ihm wurde Kaffee gebracht; ich reichte ihm eine Zigarette und gab ihm Feuer.
– Wie geht es dir, Giorgis?
Er musterte die Wände ringsum; stöhnte, sog kräftig an der Zigarette:
– Mühselig das Leben im Exil, Herr Stratis. Wir schlagen uns durch. Wäre nur das Kind gesund, dann wäre alles andere halb so schlimm. Der Bajonettstich, weißt du; seine Kopfwunde ist noch immer nicht verheilt. Neuerdings fängt es auch am hellichten Tag zu schreien an, aus heiterem Himmel. Und die Rigo ist immer bei ihm, und das Kind erinnert sie an ihre Erniedrigung. Das ist nicht gut für sie, ich werde wohl auch noch meine Tochter verlieren.
Seine Tochter Rigo wurde vor den Augen der Familie von einem ganzen Trupp Soldaten vergewaltigt; seitdem redet der Sohn Tag und Nacht wie im Wahn. Giorgis hatte feuchte Augen. Eine Zeitlang unterhielten wir uns darüber, wie sein Sohn geheilt werden könnte. Ich fragte ihn dann:
– Hast du irgendwas retten können?
– Das fragst du mich, Herr Stratis? Wer waren wir denn? Wenn ich daran denke, was deine Familie alles verloren hat.
– Nur Mut, Giorgis, wir schaffen's schon.
– Das sag ich auch: Selbst wenn die Ringe abfallen, so bleiben doch die Finger. Klar werden wir's schaffen, wo wir so viele sind. Unsere Kinder, Hauptsache sie bleiben gesund, werden bessere Tage sehen; nur wir werden so sterben.
Er sah seine europäische Kleidung an, als wäre sie sein Leichentuch. Sein schöner Schnurrbart erschien mir wie ein Lumpen. Ich erinnerte mich, wie Giorgis früher gewesen war; groß, kräftig gebaut, würdevoll und fähig, sich durchzusetzen. Er holte seine Tabakdose heraus und streichelte sie. Eine alte schwarze, glänzende Tabakdose.

– Das ist alles, was ich retten konnte, sagte er lächelnd.
Ich bot ihm eine Zigarette an.
– Laß mich selbst eine drehen; ich hab mich dran gewöhnt.
Er zog den Tabak aus der Tasche und wickelte ein wenig davon in Zigarettenpapier.
– Schau, sagte er, als führe er Selbstgespräche, die Erde ist karg hier, und die Leute haben nichts zu beißen. Was will man von ihnen auch erwarten? Sie denken, wir seien extra hergekommen, ihnen das Brot wegzuessen.
Ich betrachtete die dicken Finger, die die Zigarette drehten. Eine Reihe von vor ewigen Zeiten ausgeführten Bewegungen zog an meinem geistigen Auge vorbei: Hände, die Weintrauben zum Trocknen auslegten, an Stricken zogen, das Ruder führten; Finger an der Melodiepfeife des Dudelsacks oder Hände, die an unserer Wasserstelle benetzt wurden; dann der Nordwind, der gegen die Fensterscheiben drückte, erfrischendes Lachen unter dem Blätterdach, die Höhle von Agios Jannis.
– Und was ist aus der Heiligen Jungfrau geworden? fragte ich.
– Was soll aus ihr geworden sein? Entweder man hat sie abgeschlachtet, oder sie ist ins Exil gegangen.
Mir war, als brächte man mir einen einst geliebten Baum als zersägten Stumpf, ihn zu verheizen.

Mittwoch

Jeden Tag ein paar Zeilen: wie sie grad kommen, zusammenhanglos, meinetwegen. Nur um sich über Wasser zu halten; was bleibt einem anderes übrig.

Donnerstag

Auf dem Nachhauseweg ging ich durch Viertel, die ich von früher her kannte. Düstere Straßen, die staubigsten der Erde. Der Kummer gesellte sich zu mir. Er nahm die Gesichter von Leuten an, mit denen ich bekannt war, bevor ich wegging. Etliche sind schon tot; fünf oder sechs fielen mir auf Anhieb ein. Im

Scheinwerferlicht der kleinen Ford-Busse versuchte ich, Häuser wiederzuentdecken, die mir einst vertraut gewesen waren; was ich sah, waren Trümmer, verschlossene Fensterläden, schwarzbetuchte Frauen; bis zum Knöchel versank ich in Staub und Kies.
Wie wenig halten unsere Zuneigung und unser guter Wille zwischen des Schicksals Mühlsteinen aus. Könnte man wenigstens arbeiten; sich ganz hineinvertiefen wie ein vernarrter Handwerker, ganz hingegeben – ohne dieses Kräftevergeuden für den Lebensunterhalt.

Freitag

Frühmorgens schreckliches Erwachen. Der Körper, schmachtend wie der Geist, wurde irre. Man könnte meinen, Gedanken schwirren durch ihn wie durch ein Hirn.

Sonnabend, 2 Uhr mittags

»Wir halten die Stellung, auf weitere Befehle wartend.«
Am Morgen, bevor ich die Augen öffne:
Plötzlich hatten alle Autos mich zum Ziel, und schnell bog ich in eine Gasse. Ich hörte sie hinter mir, Krach schlagend, als heckten sie etwas aus, um mir auf die Spur zu kommen. Ich schlüpfte durch eine Tür und beobachtete die Menschen, die vorbeiliefen. Jede ihrer Bewegungen versteinerte hinter ihnen. Schließlich war die Straße mit Felsbrocken und Steinen in allen erdenklichen Formen übersät; es waren so viele, daß ich mich, als ich den Entschluß faßte, meinen Unterschlupf zu verlassen, nur mit Mühe zwischen ihnen hindurchzwängen konnte. Ich betrat ein Antiquariat. Ein Mann mit Brille saß vornübergebeugt auf einem niedrigen Schemel, mit der einen Hand Zigarette rauchend, mit der anderen Hand spielerisch eine Bernsteinkette drehend. Offensichtlich hatte er mich nicht bemerkt, er ähnelte einem Seligen. Im Geschäft war es schummrig; die Bücher türmten sich bis an die Decke und schienen diese zu stützen. Die Anordnung der bedauernswerten Säulen

erinnerte an einen antiken Tempel. Auf dem Boden verstreut lagen weitere Bücher. »Die Pauken«, sagte ich und nahm eins. Es war total zerfleddert. Ich schlug eine Seite auf und las:

Drittes Kapitel
DER TANZ DER SIEBEN SCHLEIER

Salome winkelte den Arm an und schaute auf die Uhr. Ihre Hand fiel ihr vor die Füße.

Weiter nichts. Mit wachsender Unruhe durchblätterte ich das Buch; alle Seiten weiß. Noch einmal blätterte ich es durch; vom Weiß des Papiers wurde mir schwindlig. Da sah ich undeutlich, wie der Selige zu mir hochblickte, und hörte ihn sagen: »Irrtum, mein Herr, das ist kein *Buch*; es ist eine *antike Wasseruhr.*«

Abend

Salomes Nachricht: »*Vorhang*. Einverstanden. Aber ich werde dich morgen um fünf auf dem Platz der Befreiung erwarten; hinter dem Vorhang. Wenn du was Besseres vorhast, auch gut. Du brauchst mir nicht mal Bescheid zu geben. Ich werde sowieso nicht zu Hause sein.«

Montag

Gestern erwartete ich sie auf diesem Platz, der sich der Sahara nähert, vor dem Gebäude mit dem Dreiecksgiebel, das einst mein Gymnasium war. Ich habe keine Erinnerungen an jene Jahre; hier setzt mein Gedächtnis aus. Sie kam pünktlich. Sie erschien mir als flüchtige Gestalt, beinahe wie aus Luft.

– Du bist ungläubig, sagte sie zu mir.

– Die einen richtet ihre Ungläubigkeit zugrunde, die anderen verzehrt ihr Glaube, erwiderte ich – irgend so einen Unsinn jedenfalls.

Ich fühlte mich, als sei ich ein Gefäß aus ungebranntem Ton. Der Himmel war bewölkt, und der Wind wirbelte lästigen Staub auf.

– Jedenfalls, da du hier bist, bitte ich dich, wenigstens heute tolerant zu sein.
Ich sagte darauf nichts. Wir gingen durch beklemmende Straßen, vorbei an erbärmlichen Häusern; das Deprimierende des Neuen in Athen. Die verschlossenen Fenster, eingestaubt, ließen mich an die weißen Augäpfel der Blinden denken. Ein einziges, halboffen, lenkte den Blick auf ein Mädchen mit schwarzem Haar, sehr großen Augen, übertrieben stark geschminkt. Salome entdeckte das Mädchen; wollte etwas sagen; verkniff es sich. Die Marmorsteine in Keramikos sahen fahl aus unter dem tief hängenden Himmel, entrückt. Nur jenes hohe Haus, das sich oberhalb des antiken Begräbnisplatzes befindet, hielt weiter fest an einer trotzigen, greisenhaften Vitalität. Ich ging hin und sah es mir aus der Nähe an, von allen Seiten, als wäre ich ganz allein dort. Die Veranden und Balkone aus geschwärztem Holz; hinter einer zerbrochenen Scheibe kleine Gardinen wie Umschläge auf einem kranken Körper. Salome kam mir nach. Ich empfand unser Schweigen als unerträglich.
– Hier werden wohl einmal die Mädchen mit Tränen in den Augen Paparigopulos gelesen haben, meinte ich.
– Wer ist das? fragte sie mich.
– »Das Wort Zukunft benennt das Fehlen von Gegenwart«, antwortete ich; so schrieb er.
Sie lachte trocken. Ein Lausbub stromerte herum und legte Leimruten für Spatzen aus.
– Frag ihn, forderte ich sie auf, vielleicht weiß er, wer heute in diesem Haus wohnt.
Treuherzig ging sie zu ihm und fragte.
– Be*aa*mte, sagte der Kleine und suchte das Weite.
– Be*aa*mte, wiederholte Salome phlegmatisch.
Dann, ohne erkennbaren Zusammenhang und ohne mich anzusehen:
– Du liebst wohl *dein* Griechenland.
– Ich weiß nicht, entgegnete ich, ob das Liebe oder eine Auseinandersetzung mit meinem Stolz ist.

– Stolz, sagte sie, das ist die größte Gefahr, wenn ... Sie sprach ihren Satz nicht zu Ende, dumpf dreinschauend. Sie sagte:
– Außerdem, welches ist der eine Ort, wo unser Körper existiert? Alle anderen jagen uns fort ...
Ihre Augen blitzten auf, aber sie sagte nichts weiter. Wir liefen in Richtung Theseion. Während wir zum Säulengang hinaufstiegen, stürzten sich ein paar blonde Ausländer, und zwar alle zugleich, auf einen Straßenfotografen mit seiner Kamera. Sie machten sich über ihn her wie ein Fliegenschwarm über etwas Süßes. Der Staub brannte in den Augen und trocknete die Lippen aus. Ich fühlte, wie der Überdruß langsam, aber sicher alle Zugänge verschloß.
– Bei mir zu Hause wären wir geschützter, bemerkte Salome zaghaft.
Ich hielt ein Auto an. Bei ihr angekommen, ein wirres Durcheinander von Geständnissen, unerträglich. Später:
– Die Körper können sich besser verständigen, sagte sie.
Ich hielt es nicht länger aus. Sie war unglaublich empfindsam, dazu verbissen leidenschaftlich, mit jeder Faser ihres Körpers. Danach wieder furchtbare Wörter, und Schluß mit der Sache. Ich trennte mich von einem Phantom mit all meinem Durst.

Dienstag

Den ganzen Tag das Gefühl der Erniedrigung. Das Phantom nahm Gestalt an. Da ist es.

Mittwoch

Bei ihr zu Hause; ich habe es gewollt.
– Ach, sagte sie, ich dachte nicht, daß du so schnell wiederkommst. Vorgestern hatte ich die Idee, dir meinen Schlüssel zu geben. Du gingst so zornig weg. Hier hast du ihn; komm, wann immer du willst ...
Ich ließ ihn in die Tasche fallen.
– ... immer, wenn du eine Frau brauchst, irgendeine.
– Salome, sagte ich, ich brauche einen Menschen.

Ihre Gesichtszüge wurden hart; sie starrte an die Decke:
– Wo du den findest, weiß ich nicht, sagte sie wie abwesend.
– Ich will, daß du verstehst.
– Ich weiß nicht, ob ich verstehen *kann*; ich weiß nur, daß ich meine Freiheit nicht verlieren will.
Als sei sie müde oder lustlos, zog sie sich aus und legte sich aufs Bett:
– Das ist alles, was ich dir geben kann. Du mußt nicht mal mit einer Eintrittskarte für die Akropolis bezahlen.
Ich ging, ohne sie anzufassen.

Donnerstag

Eteokles und Polyneikes schlugen sich die ganze Nacht. Jeder von ihnen bekam genau die Hälfte ab. Wer von beiden hat recht? Am Morgen erhob ich mich völlig entkräftet, als wäre eine Reiterschar über mich hinweggaloppiert.

Sonnabend 

Vier Uhr früh schaltete ich das Licht ein und erblickte ihren Schlüssel neben mir auf dem Marmor. Ich rannte zu ihr nach Hause. Im spärlichen Licht wirkten die Dinge wie von ihrem Schlaf eingelullt. Ich trat in ihr Zimmer; sie schlief ruhig wie ein kleines Kind. Sie schlug die Augen auf, ohne sich zu wundern:
– Ach, du bist's. Komm, leg dich hin; du bist sicher müde.
Ich merkte, wie sie langsam aufwachte. Dann explodierte die furchtbare Helle und kam zurück in Anflügen von Wahnsinn. Das ging so bis 7. Da hob sie den Kopf:
– Du bist also gekommen; du machst Fortschritte ...
– Während ich rannte, sagte ich zu ihr, hab ich mich gefragt, ob ich dich allein antreffen würde.
– Und wäre jemand anders bei mir gewesen, dann hättest du gewartet, bis es vorbei gewesen wäre, ist es nicht so?
– Sagen wir, ich hatte einen schlechten Traum, entgegnete ich.

Auf den morgendlichen Straßen schienen mir jedes Gesicht, jeder Gegenstand noch feucht vom grauenhaften Bad in der eigenen Nacht.

Sonntag

Nicht arbeiten können, das andere Martyrium. Sobald ich dem Alltagstrott entfliehe; sobald die Feder übers Papier, diesen Körper gleitet, brechen die Dämme. Ihre Brüste waren nie so voll Leben. Sie hatte die Kraft eines intensiven Frühlings, der um sich greift.

Böse Nacht; eine Nadel stichelte ihren Namen auf meine Haut wie auf das Unterhemd eines Matrosen. Ich kochte. In der Frühe tiefer Schlaf, keine Träume. Gleich nach dem Aufstehen ging ich hinaus und nahm den Weg Richtung Marussi. Baracken mit Tbc-Kranken; die Bretter waren nicht mal gehobelt worden. Der Geruch warmer Erde, vermischt mit dem der Angst menschlicher Körper. Im Kaffeehaus probten Violine und Klavier das Stück *Valencia.* Weit hinten die Linie des Hymettos unfaßbar gegenwärtig.

Das Geld, das einen entwürdigt, der Ekel, Mensch zu sein, das Schöne, die Anmut des Lebens – all das *zusammen*, unzerlegbar, aufeinander abgestimmt: diese Höllenmaschine.

Den ganzen Tag über bin ich gelaufen. Gegen Abend, im Bus, während ich den zunehmenden Mond betrachtete, war mir, als würde ich in einem Aquarium zusammen mit weiteren Wasserlebewesen nach anderswo umgesiedelt.

Montag

Schwierig, schwierig. Der Gedanke an sie gleicht einem Nagel in meinem Hirn. Morgens ist es noch zu ertragen. Nachmittags glaubst du bereits, daß jeder Tag, an dem du sie nicht siehst, ein verlorener sei. Nachts brutale und abstoßende Bilder, ununterbrochen. Das Gefühl, einer von beiden müsse zugrunde gehen.

Dienstag

Nach den abscheulichen Worten gestern abend; nach einer beängstigenden Nacht des Gelähmtseins kam mir heute morgen in den Sinn, daß sie eigentlich alles hat, was mir gefällt, wie die Auslagen in einem Schaufenster, nach denen es einen verlangt. Das Schwierige besteht darin, die Scheibe einzuschlagen: eine Krise, die uns beide ins Chaos stürzen würde.

Mittwoch

Wir gingen durch unbehauste Gegenden unter dem Sternenzelt. Ein frischer Wind wehte. Ich setzte mich neben sie auf eine Steinbank. Kann mich nicht erinnern, was ich zu ihr sagte, ungehalten; nur an ihre Stimme: »Sei still! Sei still!« Mir nahe wie nie zuvor. Dann, gleich einem Menschen, der zu sich selbst kommt, dic üblichen Sachen. Aber wen will sie strafen? Wen von uns beiden?

Donnerstag

Wäre ich gestern abend länger mit ihr zusammengeblieben, hätte ich sie geprügelt, bis ich nichts weiter gewußt, außer daß ich ein absolutes Vieh bin. Das wäre vielleicht die Katharsis gewesen. Was aber ist passiert? Der Schmerz hat mich abgestumpft. Wo sind die jugendliche Haut, die heißen Lippen geblieben? Wo? Da, wieder dieser Taumel, bereit zu kläffen. Es reicht.

Freitag

Die ganze Woche nur drei bis fünf Stunden täglich geschlafen; auch nachmittags komme ich nicht zur Ruhe. Kaum schließe ich die Augen, steht sie vor mir, vollkommen bis ins Innerste. Empfindungen, den ganzen Körper und das Gehirn einnehmend, Gesundheit und Krankheit durchdringend, Mut und Verderben, unter geschlossenen Lidern, beim Anheben der Hand, gleich einer Flüssigkeit in Watte.

Vielleicht bin ich ein Fall für die Medizin geworden. Trotz erheblicher Einschränkung des Denkvermögens eine große körperliche Euphorie, die manchmal an Freude grenzt.

Spät nachts

Der andere Körper ist mir wieder erschienen, unabänderlich. Ich ging zu Fuß zu ihrem Haus. Sie räumte das kleine Eßzimmer auf. Ihre Finger rannten wie wild über die verschiedenen Gegenstände. Ich sagte kein Wort. Sie ging aus dem Zimmer, kam zurück, immer und immer wieder. Ich wartete; meinte, mein Blut sei voll Dornen. Sie rekelte sich.

– Heute hatte ich keine ruhige Minute, sagte sie, ich werde mich ein wenig hinlegen und dann rausgehen.

Die befreiten Körper und geflüsterten Worte mitten im Kampf.

Plötzlich sie:

– Ich bin nicht der Ort, an dem dein Körper existiert.

Ich schlug sie. Sie wurde wütend. Unerträgliche Einzelheiten.

– Laß uns aufhören, sagte ich zu ihr.

Sie stand auf, wickelte sich in ein Bettlaken und setzte sich wieder:

– Ja, antwortete sie, laß uns hier aufhören, du hast recht. Seit ich dich kenne, frage ich mich, ob ich die Frau bin, die dir das geben kann, was du willst. Du bist immer ganz du selbst und willst den andern ganz als ihn selbst ...

Sie lachte auf:

– ... du läßt nichts in den Taschen deiner Kleidung, nicht einmal, wenn du sie ausziehst ... Ich dachte, ich sei fertig mit Zweifeln; du hast mich wieder dahin gebracht, Fragen zu stellen. Das ist der Beginn unseres Unglücks. Wir sollten nicht fragen ...

Ich wollte etwas sagen, sie schnitt mir das Wort ab:

– Ich bin schuld, ich weiß; was spielt es außerdem für eine Rolle, wer schuld ist; wir kommen nicht zusammen, das ist alles. Ich werde auch diesmal auf der Akropolis sein, lassen wir

danach einige Zeit verstreichen; falls es unsere Bestimmung ist, uns wiederzufinden, werden wir uns wiederfinden ...
Sie sagte das ganz ruhig.
Ging hinaus, sich zurechtzumachen. Als sie angezogen wiederkam, wünschte ich ihr gute Nacht.
– Alles Gute, erwiderte sie, weißt du, ab morgen bin ich mit Lala einige Tage fort. Ich muß mal aus dieser geladenen Stimmung raus.
»Besser so«, dachte ich.
Das war alles.

Sonntag 

Am späten Nachmittag irrte ich durch die Gassen der Plaka. Ich fand mich wieder vor einigen Häusern mit pockennarbigen Gesichtern. Auf einem Balkon mit verrosteter Brüstung saß ein junger Mann im Schlafanzug, hingefläzt, in Gesellschaft zweier verschrumpelter hochnäsiger Damen, wie aus vergangener Zeit. Auf dem Hügel rechts Hütten, fast zerfallen. In den Fenstern viele Köpfe, eine Szene verfolgend, die ich nicht sehen konnte. Da hörte ich Stimmen. Zwei Kinder karrten den Rollstuhl eines Krüppels mitten auf den kleinen Platz und rannten weg. Der Krüppel schäumte vor Wut; er brüllte, daß er sehr wohl imstande sei, seine Faust in den Bauch jener Schwulen zu rammen und ihnen die Gedärme einzeln herauszuziehen. Sein Schnurrbart war ergraut, das Gesicht bleich wie das eines Mörders. In Pantoffeln und Schlafrock, mit voluminösen Brüsten, Schenkeln und Speckrollen, die wabbelten, erschien, sich mit ganz kleinen Schritten vorwärtsbewegend, seine Tochter. Eine alte Frau beschützte sie, einen großen Stein in der Hand. Eine andere zahnlose Alte, einen Teller gesalzener Sardinen in der Hand, die in Öl und Essig schwammen, kam der Jungen in die Quere, sie Nutte schimpfend, die wer weiß wer geschwängert hätte. Die Alte mit dem Stein fauchte:
– Meine Tochter, du alte Pute, als die ein Kind gekriegt hat, da hat ihr Mann sie geheiratet und sie wie 'ne Königin verehrt.

Paß lieber auf deine eigene auf, dieses Flittchen, das sich auf der Straße rumtreibt und sich … besser, ich sag's nicht. Wie soll sie denn schwanger werden, wenn sie sich so aufführt? …
– Da ist er, er kommt! rief der junge Mann im Schlafanzug vom Balkon herunter, in die Hände klatschend.
Der jungvermählte Bräutigam tauchte ein paar Meter weiter oben auf, mit verquollenen, finster dreinblickenden Augen, den Hut tief heruntergezogen, mit dämlichem Gesichtsausdruck und um die dürren Beine schlabbernden Hosen. Er kam langsam nach unten, stellte sich vor die pummelige Frau, maß sie von Kopf bis Fuß, gab ihr zwei schallende Ohrfeigen und zerrte sie hinter sich her in eine der Hütten auf der Anhöhe. Er kümmerte sich nicht mal um den Pantoffel, den sie unterwegs verloren hatte.
Das bescherte mir der heutige Tag. Ich bin in ihrem Wohnviertel gewesen; jetzt erst fällt es mir auf.

Montag

Nelken, so rot, so *dort*. Ich erinnere mich deutlich an jeden einzelnen Gegenstand; das Blanke der Vasen, das Holz der Tür, den Kleiderhaken. Sie tat nichts, mich zu halten.

Dienstag

Ihre Stimme in schleppendem Rhythmus, unbeirrbar; ihre Knie, ihre Schultern – dieser Rhythmus, von dem ich hingerissen bin, ganz und gar nicht im Sinne von einer an einen konkreten Körper gebundenen Bewegung, sondern, wie die Kiefern im Wind (jenes charakteristische Wehen durch die Kiefernnadeln), im Sinne einer Bewegung vieler Menschen, die vor uns einander liebten und sich lieben werden, wenn wir zu Erde geworden sind – all diese Atemzüge.

Nacht

Ich versuche, wahrhaftig zu sein; was ist das Wahre am Wahnsinn?

Langsam hört sie auf, Frau zu sein, sie wird zu einem im Flusse befindlichen Labyrinth, seine Ecken und Biegungen ändernd, nimmt die Gestalt einer Zypresse an, einer Säule, eines schreitenden Begehrens.

Mittwoch

Und eines Morgens schlüpft das Unglück zwischen unsere Laken und reißt uns fest an sich. Heute morgen.
Noch vor dem Hellwerden spazierte ich durch die Straßen; sie führten mich zu ihrem Haus; es war unvermeidlich. Ich stand vor der Tür, in mir das unstillbare Verlangen, sie zu öffnen. Die Furcht ließ mich lange Zeit reglos dastehen. Das Haus war verhext, ich war mir sicher. Zwischen den Lettern der Reklamen, in den verriegelten Geschäften, den stummen Türen gingen bereits Gespenster um, eines davon geschmückt mit dem Kranz eines verwelkten Mai. Ich faßte Mut, als meine Finger den Schlüssel berührten. Hohle, unbrauchbare Würfel. In der Kammer der Abwesenheit die Bettstatt noch zerwühlt von den eiskalten Wellen des Schlafs. Im Nebenzimmer der Schrank. Mein Bild in dessen Spiegel störte mich. Ich öffnete die Tür des Möbels. Da hingen ihre Kleider; aufgegebene seelenlose Hüllen. Ich versuchte, sie zu berühren; ein Körper aus Luft schickte sich an, sie auszufüllen; Salomes Geruch schlug mir entgegen. Ich schaute nach unten und erblickte die Sandaletten mit den offenen Riemchen. Ich erinnerte mich der Füße, die weggegangen waren, und da fühlte ich in meiner Kehle jenes Rauhsein, weil all das leer war, weil es niemanden mehr auf der Welt für mich gab, der es wieder ausfüllen würde.
Ich sah das Ende; den allumfassenden Tod. Dieses bedrükkende Etwas.

Freitag, Juni

Ein Brief von Sphinx:
Lieber Stratis – Seit fast einem *Monat* warte ich auf ein paar Worte von dir. Morgen, *Sonnabend*, gehe ich mit Lala zu Lon-

gomanos. Heute früh sind sie *zurückgekommen.* L. erwartet uns. Er wartet *auch auf dich.* Wenn du einverstanden bist, werden wir bei dir vorbeikommen und dich um 6 Uhr nachmittags in Platanos abholen. In ständiger *Erwartung*, deine Freundin.
Und im Postskriptum doppelt unterstrichen:
Salome überglücklich!

Sonnabend

Wir besuchten Longomanos; Lala zum ersten Mal.
Sein Haus ein Stück hinter dem Bahnhof. Das Zimmer, wo er uns empfing, ging zum Innenhof. Wir trafen ihn an, wie er auf einem niedrigen Sofa saß und sich unterhielt mit einem bleichen, fast durchsichtigen jungen Mann mit wallender voller Mähne, ganz blond, beinah weiß. Sphinx hatte ihn mir gegenüber als Litauer oder Letten bezeichnet, ich erinnere mich nicht. Longomanos erhob sich, als sein Blick auf uns fiel. Er trug kein Jackett; sein olivgrünes Hemd stand offen. Sphinx ging halb in die Knie und berührte mit den Lippen ein nicht klar zu definierendes Amulett an einer Kette, die ihm um den Hals hing.
– Willkommen, sagte er zu ihr, du bist es, die du verführerische Lehren verbreitest, so daß meine Diener Unzucht treiben und Götzenopferfleisch essen!
Seine Stimme war schmalzig. Er schaute in die Runde, um zu sehen, welchen Eindruck seine Worte hinterließen. Sphinx lief rot an; der blonde Jüngling hing an seinen Lippen, hingebungsvoll; Lala wußte nicht, wohin mit ihren Händen. Das Zimmer war so verdunkelt, daß das Auge sich erst daran gewöhnen mußte, bevor es einzelne Gegenstände erkennen konnte; der Tisch, drei Platten auf Böcken, war voll beladen mit Büchern und Papieren; eine Holzplastik fiel auf, eine überlebensgroße Hand, deren Daumen und Zeigefinger sich krümmten, als hielten sie eine Bohne, daneben eine Tonschale, voller Tabakspfeifen und Stopfer.

– Meine neue Freundin Lala, protzte Sphinx. Stratis kennst du, glaube ich.
– Mir eine große Ehre! Mir eine große Ehre, sagte Longomanos.
Dann, zu mir gewandt und mit schrägem Blick:
– Natürlich sind wir uns bereits begegnet. Darf ich euch meinen Kameraden Knut vorstellen.
Knut gab uns der Reihe nach die Hand, machte jedesmal kurz einen Diener, und setzte sich wieder auf seinen Platz.
– Ich habe gehört, daß ihr zusammen nach Afrika fahrt, sagte ich zu Longomanos.
– Ja, das tun wir, antwortete er. Obwohl Knut krank ist, folgt er mir treu. Er wird die Strapazen nicht überstehen; wird unterwegs sterben. Ich weiß es; mir bricht das Herz. Aber ich kann nichts machen.
– Wenn er hier bliebe, hätte er mehr Hoffnungen, wieder zu genesen, bemerkte ich.
Longomanos schaute mich grimmig an:
– Hoffnungen? Nein, mein Lieber, mein Gott ist nicht der Gott der Hoffnung. Sein Wille geschehe. Mein Gott hungert.
Knut folgte dem Gespräch mit einem naiv-süßen Lächeln und schien dem Gesagten zuzustimmen.
– Können Sie Griechisch? fragte ich ihn.
Er antwortete mir mit einem Satz, der Griechisch sein sollte. Mit einigen Schwierigkeiten setzte er auf französisch fort:
– Ich verstehe, habe aber Schwierigkeiten zu sprechen. Ich bin meinem Lehrer ganz ergeben.
Er holte einen Notizblock aus der Tasche und fragte mich mit gedämpfter Stimme:
– Können Sie mir vielleicht sagen, woraus er zitiert hat, als er die Dame begrüßte?
– Aus irgendeinem religiösen Text.
– Sehr interessant. Aus welchem?
– Ich weiß nicht.

Longomanos sagte etwas zu Sphinx und Lala und beobachtete uns aus den Augenwinkeln.
– Aus der Heiligen Schrift, triumphierte er.
– Aus welchem Kapitel? fragte wieder der Jüngling zaghaft.
– Ich erinnere mich nicht, antwortete Longomanos, aber ich müßte es finden. Der ganze Abschnitt ist sehr tiefsinnig.
– Gibt es hier in der Nähe nicht einen Metropoliten, den man fragen lassen könnte, forschte Knut sehr ernsthaft.
– Meine Getreue, sagte Longomanos, kennst du irgendeinen Despoten?
Er schüttete sich aus vor Lachen. Sphinx wartete, bis er sich beruhigt hatte, und antwortete voller Andacht:
– Unsere neue Freundin wünscht sich sehr, daß du sie einmal empfängst und ihr etwas von dir vorliest.
Longomanos warf einen prüfenden Blick auf Lala und rief:
– Etwas von mir ... etwas von mir! Mir eine große Ehre ...
Lala machte eine Handbewegung, um Sphinx zu bremsen. Das fiel Longomanos auf:
– Ist sie schon unterwiesen, meine neue Freundin?
– Sie lernt, sie lernt, sagte Sphinx.
Longomanos begutachtete Lala jetzt viel ungenierter:
– Ich sehe, ich sehe; ein Gefäß, geschaffen für die große Lektion. Es wird die Zeit kommen, da ich sie einweihe und wir gemeinsam die zarte Frucht pflücken werden.
Sphinx schaute voller Stolz auf Lala, Knut mit dem Blick einer Vestalin. Lala rieb sich, peinlich berührt, den Nacken; offenbar fühlte sie sich nicht wohl in ihrer Haut. Longomanos lächelte wissend und wandte sich an Sphinx:
– Weißt du, meine Getreue, heute im Morgengrauen hatte ich die Eingebung, dich Kirke zu taufen.
– Ganz wie du willst, Falke, antwortete sie.
Sie blickte mich an, als wäre sie ertappt worden, und errötete. Longomanos' Augen sahen alles:
– Kirke war eine Göttin, das kann ich mit Sicherheit sagen.
– Ja, das war sie, sagte Sphinx.

– Eine große Göttin. Ihr verdanken wir die einfallsreichen Metamorphosen.
Das befremdete mich, ich konnte mich nicht zurückhalten:
– Einfallsreich? fragte ich.
– Jawohl, junger Mann, einfallsreich. Vom Niederen zum Höheren, bis an die Schwelle des Göttlichen.
– Sie werden entschuldigen, ich glaubte, es sei andersherum, erwiderte ich.
– Ich sehe, junger Mann, ich sehe. Auch du bist den altmodischen Vorurteilen verhaftet.
– So zumindest sagte Odysseus, fügte ich hinzu.
– Ach! Das habe ich erwartet! Der überschlaue Odysseus, erwiderte Longomanos, als hätte er alte Rechnungen mit ihm zu begleichen. Er war ja geradezu erpicht darauf, sein Volk in Dummheit zu halten.
– Habe verstanden, sagte ich, um dem ein Ende zu setzen.
Longomanos achtete nicht weiter auf mich. Er war ganz in seinem Element:
– Und die Schwester von Kirke hieß Pasiphae, die den Minotauros gebar, dieses uralte Symbol der Gefangenschaft.
– Ja, Falke, sagte Sphinx feierlich, Minotauros ist der wahre Prometheus.
Ich fühlte mich völlig überflüssig während dieses symbolistischen Gesprächs. Ich stand auf.
– Sei gegrüßt, junger Mann, und hör nicht auf das, was die anerkannten Namen lehren.
Ich antwortete nicht. Sphinx machte wieder denselben Kniefall vor seinem Talisman. Er begleitete uns bis zum Hoftor. Knut, der in seinen Notizblock schrieb, während wir uns unterhielten, folgte ihm.
– Sei gegrüßt, schöne Pasiphae, sagte Longomanos zu Lala, fürchte dich nicht vor den Metamorphosen; sie erweitern die Seele.
– Sie wird lernen, mit der Zeit, sagte Sphinx unterwürfig, sie wird lernen, Falke.

– Pasiphae ist die wahre Aphrodite!
Bei diesem Satz kehrte uns Longomanos den Rücken zu.
Auf der Straße atmete ich durch. Ich empfand Lalas Gegenwart als hilfreich. Ihre Haut war leicht bronzen getönt.
– Wie war eure Reise, fragte ich sie.
– Wunderbar, erwiderte sie begeistert. Wir sind nach Pilion gefahren. Den ganzen Tag Meer und Gebirge. Und ein paar Höhlen am Strand, wo keiner stört.
Salome erschien mir in voller Gestalt, die Inkarnation von allem, was ich liebte, mitten im Funkeln des Meeres. Es schmerzte mich.
– Ich kann mir Salomes Naturverehrung gut vorstellen, sagte Sphinx verächtlich.
– Warum nennst du Longomanos eigentlich Falke, fragte ich sie.
Der Themenwechsel brachte sie auf; sie sah mich drohend an:
– Weil er zupackend ist wie ein Falke; nicht wie irgendwelche Jammerlappen.
Ich hatte keine Lust, mich weiter zu unterhalten.
Unversehens füllte sich der Bus bis zu den Türen. Sphinx fand einen Platz weiter vorn. Ich setzte mich neben Lala.
– Salome ist ein so guter Kamerad, sagte sie zu mir, ich verstehe nicht, was Sphinx gegen sie hat.
Ich antwortete nicht.
– Auch du bist ein seltsamer Mensch, sagte sie nach einer Weile.
– Seltsam? Warum?
Sie suchte nach Worten:
– Deine Leidenschaft ist seltsam. Ein verborgenes Feuer. Und der andere erkennt es erst sehr spät, was ja normal ist. Da fangen die Dramen an.
Ich vermutete, daß Salome ihr über mich erzählt hatte. Das paßte mir nicht:
– Vielleicht bin ich gar nicht leidenschaftlich. Weißt du, was

ich brauchte, Lala? Einen Körper ohne Sentimentalitäten, ohne vergiftende Worte und diese Asche der Vergebung. Wenn ein Baum eine Frau sein könnte, würde ich den wollen.
Ich wunderte mich, daß ich so zu ihr sprach. Sie drehte sich mir halb zu und schaute mich an. Nach kurzer Zeit flüsterte sie:
– Oft dachte ich, ich bin ein Baum; ein Baum, der Schmerzen hat.

SPHINX, Lala und Stratis stiegen am Sindagma-Platz aus. In der Taverne in der Plaka waren die anderen schon versammelt, auch Salome. Die Unterhaltung, die von weitem sehr lebhaft anmutete, brach ab, als sie näher kamen. Nachdem sie sich gesetzt und bestellt hatten, fragte Nikolas:

– Also?

Kaliklis begann:

– Also, wie ich euch bereits erzählte, ich lernte ihn in einem Kaffeehaus kennen. »Arzt – Soziologe« stand auf seiner Karte. Es war heiß; um uns herum dicht gedrängt verschiedene Familien, beinah im Schlafanzug. Er sprach schnell, ausgefeilt, mit viel Vertrauen in die Wissenschaft. Er hielt plötzlich inne, sah dich fragend an, und eh du den Mund aufmachen konntest, redete er weiter. Ich glaube, er hat niemals einen Menschen angehört, der ihm was sagen wollte; er las vor und schwafelte. Seine Rede hatte etwas von dem Geräusch kochenden Wassers; sie beduselte einen. An dem besagten Abend war es aber anders. Seine Stimme weckte mich plötzlich: »Wir sind alle krank, vergiftet, alle. Wieviel Jahre, glaubt ihr, haben wir noch zu leben? Hundert? Hundertfünfzig? ...« Ich betrachtete seinen gestärkten Kragen zwischen all den anderen Hemden. Er sprach über verschiedene Drüsen. Kam zu Herz, Nieren, Leber; zum dunklen Teint der Rasse (er selbst war rothaarig), die das untrügliche Zeichen dafür sei, daß wir vor die Hunde gehen. Ich schaffte es zu fragen: »Wenn es so ist, was können wir dann tun?« – »Es ist lächerlich«, fuhr er fort, »darüber nachzudenken, was aus dem Land wird, wie wir regiert werden, wie wir unsere Zivilisation ausbauen, über Kunst und anderen Schnickschnack. Alle Griechen, die können, haben die Pflicht, in den Norden auszuwandern, Nordische zu heiraten und dort zu bleiben, glücklich darüber, daß ihre Kinder vielleicht bessere Tage sehen werden. Alle, die hier bleiben, sollen Gesetze verabschieden, die die Fortpflanzung verbieten; und jene Kinder, die infolge eines Versehens oder verbrecherischer Dummheit geboren werden – hinunter mit ihnen in den Abgrund von Kaiada! ... in den Abgrund von Kaiada! ...« Er stand auf und ging hinaus, finster dreinschauend, ohne mich zu grüßen. Während Kaliklis sprach, betrachtete Stratis Salome. Sie erschien ihm als ein neuer Mensch; eine jüngere Schwester jener Frau, die er in seiner Vorstellung gesehen und die ihn die ganze letzte Woche gequält hatte. Er versuchte, die beiden Bilder in Übereinstimmung zu bringen. Salome, ihm gegenüber, veränderte sich, entglitt, und er blieb allein, zwischen den Fingern ständig die Dame eines Kartenspiels drehend; zwei gleichaussehende Gesichter, die nicht zueinander kommen konnten. Er geriet außer Atem; da sang Nikolas:

Wir sind, das sagt die Menschheit,
ein wohlhabendes Volk,
und doch, seit der Antike,
fehlt uns das täglich Brot.

Nikolas' Lachen versickerte. Salome verwandelte sich unaufhörlich; nicht faßbar. »Aber sie *muß* dort sein, ganz einfach«, ging es Stratis durch den Kopf. In einer heftigen Wallung explodierten die Empfindungen, die er im letzten Monat gehabt hatte, in seinem Gehirn, alle auf einmal. Er fühlte, wie ihm die Spielkarte aus den Fingern rutschte und auf den schmutzigen Fußboden fiel. Er hatte nicht den Mut, sich zu bücken und sie aufzuheben.

– Was ist das, fragte er Nikolas.

– Stimme des Volkes, im Metaxurgion-Viertel.

– »Holt euch gedörrte Makrelen! Habe gedörrte Makrelen! Makrelen in Talaren! Makrelen wie die Obersten Richter!« hörte ich einen Händler auf der Patission-Straße ausrufen, sagte Nondas langsam und ernst. Unsere Ideale sind Ideale von gedörrten Makrelen, zumindest was jene betrifft, die öffentliche Reden halten. Und was jene anbelangt, die darauf hören, so ist ihre Losung die der Sardine in der Büchse: »Ich werde getreten und schreie nicht.« Auch das hörte ich, als ich mich eines Tages in einen Bus zwängte. Ihr könnt es auch hören, falls ihr mal darüber stolpern solltet, sein Name »Stillschweigen«. Griechenland bewegt sich zwischen diesen beiden Polen, gedörrte Makrele und Sardine; Meeresvolk. Dein Arzt, Kli, ist gar nicht so lächerlich. Und Herr Agrios oder Herr Gevafrenakopulos – das sind die Namen, für die heute in der Zeitung geworben wird – täten gut daran, als blinde Passagiere zu den Eskimos abzuhauen ...

– Wie erholsam, sagte Salome.

Zum ersten Mal nach so vielen Tagen hörte Stratis wieder ihre Stimme. Sie hatte noch immer jene Heiserkeit, die ihn so reizte. Daß sie weiterspricht, daß sie weiterspricht, vielleicht bricht das Eis.

– Ja, wie erholsam, wiederholte Lala.

Die nächste kristallklare und schleppende Stimme. Da begann Stratis nach seinen Zigaretten zu suchen. Er hatte sie wohl bei Longomanos vergessen; fand sie nicht. Fand aber den kleinen Umschlag, in den er Salomes Schlüssel gesteckt hatte. Seit letztem Mittwoch hielt er ihn bereit. Stratis erinnerte sich an seinen morgendlichen Rundgang durch die leere Wohnung; an jenes Verhextsein. Er würde nicht noch einmal die Kraft haben, so etwas zu tun.

– Vielleicht habt ihr recht, sagte er, wir sind alle nach Griechenland *herein*gekommen, haben die Tore abgeschlossen und die Schlüssel in die Ägäis geworfen. Und jetzt ... jetzt sind wir kurz davor, uns gegenseitig aufzufressen.

Seine Stimme, während er sich sprechen hörte, schien ihm erregt und fremd; sie hatte etwas eindringlich Schrilles. Er war sich nicht sicher, daß er meinte, was seine Worte sagten, oder etwas anderes, was durch den Kampf mit Salome ausgelöst worden war. Die anderen sahen ihn erstaunt an.

– Gehen wir, der Marmor erwartet uns, forderte er sie auf.

Während er sich erhob, fühlte er sich unsäglich schwer. Trotzdem näherte er sich ihr. Sie ging mit Lala voran.

– Eben, als ich über Schlüssel sprach, habe ich mich an deinen erinnert. Letztes Mal vergaß ich, ihn dir zurückzugeben.
– Ach! sagte Salome.
Sie streckte die Hand aus; er ließ ihn fallen, ohne darauf zu achten, ob sie bereit war, ihn zu nehmen, und ging vor zu Nikolas.

STRATIS:

Wir saßen alle auf der obersten Treppenstufe des großen Tempels zwischen der vierten und fünften Säule. Keiner sprach. Sphinx seufzte kurz. Da kamen wir wieder zu uns, zu dem, was wir immer schon waren, wie die Münze, die auf jene Seite fällt, die man vorausgesagt hat. Es erschienen zwei, männlich und weiblich. Sie klappten ein Stativ auseinander, bauten es auf, schraubten ihren Fotoapparat obenauf, stellten ihn ein, betätigten den Selbstauslöser und standen, auf die Uhr schauend, andächtig da, als beteten sie vor einem Grab.

Nachdem die eingestellte Zeit abgelaufen war, nachdem sie den Ort verlassen hatten, fuhr ein leichter Windhauch zwischen uns. Ich dachte, daß sich etwas ändern würde: nichts. Wir sahen den runden Mond und eine Menge Lichter, getaucht in die vielfarbige Nacht wie in grünen Spiritus. Wir drangen immer tiefer in die Stille, und alles wurde trüb. Ich hatte den Eindruck, wir alle befänden uns auf einem gesunkenen Schiff, das mit seinem untergegangenen Leben noch immer auf seine ehemalige Hülle einwirkte; daß an die Oberfläche gelangen mußte, was das Gehirn und der Körper eines jeden von uns den ganzen Tag über empfunden hatten, wie die Luftbläschen eines Tauchers; daß jemand, der von oben, von dort, wo die Sonne scheint, herunterschauen würde, sehen könnte, wie Formen zu ihm aufstiegen, Formen, gebildet aus den Summen, die Nikolas errechnet hatte, Fehlbeträge, resultierend aus Sphinx' launischen Manien, Rundungen der Früchte, die Lala berührte. Salome war etwas anderes: Sie hatte die Erlaubnis, aus unserer Tiefe zu den Wellen hinaufzusteigen, wieder zurückzukehren, wieder und wieder.

Ich billigte die Gesetze, die dieses Geschehen festschrieben. Ich fand sie sinnvoll; empfand eine Art Glück. Sanfte Phantasien der Genesung, auf die ich in Augenblicken totaler Erschöpfung gewartet hatte, wurden wieder lebendig und kamen, alle zusammen, mich zu umsorgen. Ich überließ mein Selbst diesen

achtsamen Schwestern, und die Zeit versickerte wie in einer Furche zwischen Gräsern, nutzlos.
Ungefähr im selben Moment stieg Salome hinunter und setzte sich auf die erste Treppenstufe. Ich merkte, daß mir der Kopf wehtat. Ich reckte ihn; konnte ihn nicht geradehalten, und er schlug wieder gegen die Säule; ich bekam den Marmor zu spüren, feucht. Sie oder jemand anders begann zu pfeifen. Die Melodie ertönte, stückweise, gleich dem zerbrechenden Zahnstocher. Kurz danach stieg auch Sphinx zu Salome hinunter, Lala an der Hand hinter sich herziehend. Zwei Oberarme blitzten auf, wie Fanale. Das Mondlicht verstärkte immerzu die Intensität der Vollmondnacht.
Ab und zu drangen Fetzen eines Gesprächs an mein Ohr: »Wie warm war das Meer ... das weibliche Element ... ich wurde wild ...« Auch Nondas stand auf und ging zu den anderen. Kaliklis folgte ihm. Nikolas erhob sich ebenfalls und verschwand hinter mir. Da hörte ich, unterhalb der Stelle, wo ich mich befand, ein lautes Lachen. Mir fiel auf, daß von der ganzen Mannschaft ich der einzige ertrunkene Matrose sein mußte, zwischen übergroßen, leuchtend weißen Kieselsteinen. Ich nahm all meine Kräfte zusammen, zog mich hoch an der Säule, an der ich gelehnt hatte, und begann zu faseln ....

*

Stratis rief laut:
– Ich habe meine Einsamkeit ermordet und weiß jetzt nicht, was ich mit ihr machen soll ...
Alle sahen ihn an. Salome legte auf die Treppenstufe das Spiegelchen, das sie herausgeholt hatte, ließ es vom Mondlicht überfluten. Stratis' Stimme nahm manchmal einen heiser flehenden Ton an; er stammelte und phantasierte:
– Am besten, ich erzähl euch eine Geschichte. Nachdem Salome den Tanz der sieben Schleier getanzt hatte, nachdem Johannes geköpft worden war, meinte Herodes, daß er auch an diesem Tag seiner Herrschaft seine Pflicht getan hatte. Er legte

sich hin und schlief traumlos. Träume hatte Herodias; ihr gingen die Nerven durch; eine Sklavin massierte ihr die Knöchel. Die geladenen Gäste zogen torkelnd von dannen, zufrieden, daß sie den auf Erden weit und breit bedeutendsten Geburtstag gefeiert hatten ...

Dicke Schweißtropfen rannen Stratis über die Stirn. Er wischte sie mit dem Handrücken ab. Fuhr fort:

– So blieb Salome allein in den großen Salons, mit dem Kopf des Johannes, den sie, wie man zu berichten weiß, sehr geliebt hatte. Die sieben Schleier um sie herum auf dem Fußboden, leblos, befleckt wie abgeschlachtete Pfauen. Im Hintergrund der Tisch mit den umgestürzten Gläsern und den Essensresten. Die Kerzen im Lüster, einige qualmend und andere kurz vor dem Erlöschen. Die Bulldogge in einer Ecke nagt noch an einem Knochen. Salome sitzt auf dem Diwan. Der schwatzhafte Wind verteilt Hiebe an die Bäume im Garten, und Salomes Weichen überziehen sich mit Gänsehaut. Vor ihr auf dem Silbertablett der Kopf. Sie bleibt in Gedanken versunken. Steht auf, nimmt ihn und stellt ihn auf den Marmorsims des Kamins. Sie tritt zurück, schaut; nein; hier paßt er nicht hin. Sie nimmt ihn wieder herunter. Besser zwischen den beiden Fotos; nein; hier paßt er nicht hin. Sie verrückt ein japanisches Gefäß und stellt den Kopf an dessen Platz: auch nicht. Sie setzt ihn wieder auf das Tablett und nimmt ihm gegenüber Platz, die Ellenbogen auf die Oberschenkel gestützt, die Finger der rechten Hand in den linken Oberarm gekrallt, die Finger der linken Hand in den rechten Arm. Eine Sorge preßt ihr das Herz zusammen; sie weiß nicht, was sie mit dem Kopf machen soll ... Ach, Freunde, Freunde, versucht doch zu verstehen, sie weiß nicht, was mit dem Kopf anfangen, den man ihr zuliebe abgeschlagen hat ...

Offensichtlich hatte Stratis die Anstrengung mitgenommen. Er war zu bedauern. Hielt inne und holte tief Luft.

– Das habe ich versucht, in Verse zu fassen, sagte er, wobei er Schwierigkeiten hatte, sich zu artikulieren:

Salome, du, allein im Salon,
kneifst dir in den Oberarm …

Er ging in die Knie. Nikolas war zu ihm getreten; er griff ihm unter die Arme.
– Was wurde mit dem Kopf? rief Kaliklis.
– Sie warf ihn aus dem Fenster, gab Nikolas zur Antwort und zog Stratis in den Parthenon.
Er half ihm dabei, sich in einer Ecke auf den Boden zu setzen.
– Meine Kräfte verlassen mich wie einen Schlauch, der sich entleert, murmelte dieser.
Er schloß die Augen; ihm schwanden die Sinne. Die anderen kamen herbei und umringten ihn. Salome bückte sich und lokkerte seine Krawatte.
– Was hat er denn nur? fragte sie.
– Der Retsina war schlecht, sagte Nikolas. Besser, ihr geht; ich werde mich um ihn kümmern.
Einer nach dem andern zog sich zurück, als erste Salome, wie der Chor, dessen Part zu Ende ist.

Es wurde gepfiffen, als Stratis die Augen aufschlug. Er lag auf den Überresten einer Mauer im Innern des Tempels unter den vom Dunkel verschluckten byzantinischen Ikonen. Die Pfiffe bohrten sich in Stratis' Hirn. Nikolas stand vor ihm.
– Zeit, daß wir gehen, sagte der. Daß jemand Reden schwingt bei abnehmendem Mond, ist noch zu verkraften. Aber bei Vollmond kann die Sache gefährlich werden.
Er half ihm lachend auf.
– Dieses Licht ist ein vergifteter Saft, entgegnete Stratis.
Ihm schien, als sei die Akropolis bis zu diesem Moment neu gewesen und als wären zweitausend Jahre verdichteter Zeit plötzlich explodiert und hätten sie zertrümmert.
Sie stiegen langsam hinunter und nahmen den Weg Richtung Osten.

Während sie das Odeon hinter sich ließen, sah Stratis wieder zum Akropolisfelsen. Er strahlte eine trotzige Verbissenheit aus. Stratis wunderte sich, daß der noch durchhielt nach jenem Ausbruch.

– »Die Festung will jetzt jene fressen, die vordem sie gefressen haben«, flüsterte er.

– Was sagst du da? fragte Nikolas.

– Makrijannis hat das gesagt.

– Wer?

– Jemand aus dem Kreis von Chlepuras und jenem Vizaniaris mit dem Trichter im Bordell.

– Und wie hast du sie kennengelernt?

– Erzähl ich dir irgendwann mal, ist eine lange Geschichte.

Nikolas hörte ihm aufmerksam zu. Es fiel ihm schwer zu unterscheiden, was Wahrheit und was erfunden war. Er winkte einen Wagen heran und lud Stratis zu Hause ab.

Vierte Nacht

– EINE NACHT ohne Mond, endlich! sagte Sphinx.
– Der Mond ist nicht mehr unabdingbar, erwiderte Stratis.
– Nikolas hat mit sechs Nächten gerechnet.
– Unser Freundeskreis löste sich nach drei auf; fünfzig Prozent; nicht schlecht.
Stratis warf seine Zigarettenkippe weg. Sie saßen in einem Kaffeehaus nahe dem Bahnhof von Kifissia; gerade waren sie von Longomanos gekommen. Er hatte ihnen einen lyrischen Text über irgendeinen Stamm in Afghanistan vorgelesen; danach kein Gespräch; alles war ruhig verlaufen. Nach der Lesung wünschte er ihnen gute Nacht und zog sich mit Knut zurück.
– War er nicht wundervoll? fragte Sphinx.
Stratis konnte sich nicht mehr erinnern, worum es gegangen war; nur das Hochtrabende in Longomanos' Stimme hallte noch in seinen Ohren wider.
– Er hat etwas Großartiges an sich, antwortete er.
– Schade, auch Lala wäre dabeigewesen, hätte sie nicht diesen Umzug gehabt.
Sie hob die Hand, sich das Haar zu ordnen. Seit Longomanos zurück war, trug sie ein Kleid aus dunklem Drillich; eine Kordel schnürte ihre Taille ein. Sie nannte es »Priestergewand«.
– Was hat es denn mit dem Amulett von Longomanos auf sich, daß du es so verehrst? fragte Stratis.
– Es heilt.
– Was heilt es?
– Werd ich dir irgendwann mal sagen ... Es heilt von jenem dort ...
Mit einer laschen Geste deutete sie auf den Himmel; die Sterne drängten sich zusammen. Stratis betrachtete das Firmament und versuchte, einzelne Bilder auszumachen; kam durcheinander. Sphinx unterbrach das Schweigen:
– Befriedigt dich Salome?

– Seltsam, der Name dieses Kaffeehauses: »Treffpunkt der verrückten Holzfäller«.
– Ja, seltsam ... Befriedigt sie dich?
– »Treffpunkt der verrückten Holzfäller«. Absolut.
– Nein, Salome ... Außerdem weiß ich gar nicht, warum sie Salome genannt wird.
– Ich nehme an, damit es sich auf Kanapee reimt.
– Es reimt sich doch gar nicht.
– Dann muß sie den Namen ändern.
– Du willst mich wohl nervös machen, Stratis; hätten wir Vollmond, würde es dir sicher gelingen.
– Nein, sie befriedigt mich nicht, sagte Stratis.
Er fühlte, daß er einen Verrat begangen hatte. Daraufhin überlegte er, daß er sich angewöhnen müßte, ihr mit Gleichgültigkeit zu begegnen.
– Außerdem treffe ich mich schon lange nicht mehr mit ihr, fügte er hinzu.
– Seit der Nacht der Salome, nehme ich an ... (berichtigte sich:) des Johannes, wollte ich sagen.
– Schon vorher nicht mehr, antwortete Stratis, ohne zu lachen.
Er sprach, gewillt zu zerstören; nicht ohne Ekel. Er hoffte, daß seine Geständnisse Salome aus dem Weg räumen würden.
– Sie gefällt mir unheimlich, fuhr er fort, aber wir passen nicht zueinander.
– Das konnte ich mir denken. Ihr Stolz hindert sie daran, sich ganz hinzugeben ...
Wieder ordnete sie ihr Haar:
– ... sich *einem Mann* ganz hinzugeben.
– »Die verrückten Holzfäller«, wo werden sie wohl sein, flüsterte Stratis.
– Hätten wir Vollmond, wären sie hier. Aber jetzt können wir wie Menschen miteinander reden. Ich weiß nicht, was bei Mondlicht mit mir geschieht; ich komme aus dem Gleichgewicht.

Die Sterne, Ameisen am Firmament.
– Man könnte denken, *die da* reiben die Nasen gegeneinander; sieh dir die Sterne an, sagte Stratis plötzlich.
Sphinx lachte:
– Sie riechen den Weg ihres und unseres Schicksals. Aber was sie auch tun, sie können nichts ändern, weder an deinem noch an Salomes.
– Wie kannst du das wissen?
– Ich weiß es. Ihr Schicksal ist hermaphroditisch.
– Ich hoffe, mehr aphroditisch.
– Warum hoffst du?
– Weil ich mit ihr geschlafen habe.
– Und Hermes ist böse geworden.
– Das wird es sein.
– Und jetzt versucht sie, ihn zu besänftigen.
– Wie denn?
– Mit Lala.
– Versucht sie es?
– Wie toll!
– Hindert sie irgendwas daran?
– Ja, bis zum heutigen Tag.
– Wer?
– Lala.
– Warum?
– Weil sie unschuldig ist.
– Aber sie ist doch verheiratet.
– Sie hat noch nie einen Mann gehabt.
– Und ihr Ehemann?
– Schwul.
– Und außer ihm?
– Erst jetzt.
– Und?
– Sie will ihn nicht.
– Woher weißt du das?
– Ich habe ihn ihr vorgeschlagen.

– Wer ist es?
– Der Falke.
– Diana, sagte Stratis, bei dir endet alles mit Longomanos.
Ihre Unterhaltung glich einem Hindernislauf. Stratis hielt erleichtert inne. Er glaubte, daß nach der Pilion-Reise alles zum Abschluß gekommen sei. Er holte tief Luft. Dann fühlte er eine Leere. »Warum nur dieses Gefühl der Erleichterung?« fragte er sich.
– Lala ist schön, sagte er; tut mir leid für sie …
– Das weiß ich, erwiderte Sphinx melancholisch. Aber jemand muß ihr doch helfen.
– Wo ist denn ihr Mann jetzt?
– In den Untiefen des Roten Meeres. Bei einem Schiffbruch ums Leben gekommen.
Sie ordnete wieder ihr Haar und sagte, zu den Sternen blikkend:
– Der Falke könnte es tun. Er weiß die Götter zu bändigen, die friedlichen und die erzürnten.
– Aber …
– Aber wer hoch hinaus will, muß sich selbst anbieten. Der Falke steigt nicht zu den andern hinab. Es ist doch sehr schade, daß ein solches Geschöpf jetzt Salome ausgeliefert bleiben soll. Sie wird Lala zerstören. In ihrer Stimme schwang ein dumpfer Haß mit. Sie stützte ihre Hände auf die Knie und sagte zu ihm so zuckersüß wie nur möglich:
– Hast du denn nie über Lala nachgedacht?
– Ich? Ich weiß nicht.
– Ich merke schon, du bist noch von jener Pseudo-Aphrodite beduselt.
Seine letzten Tage mit Salome zogen an seinem inneren Auge vorbei, ein schweres Netz haltend, bereit, es über ihn zu werfen. Er versuchte, Richtung Lala zu fliehen. Diese entschwand. Schließlich sagte er:
– Es ist alles anders gekommen.
– Ja, aber wir dürfen sie nicht in dieser Einsamkeit lassen, be-

harrte Sphinx. Versuch es wenigstens. Daß sie ein bißchen Zuneigung erfährt ... männliche Zuneigung ...
– Zuneigung ... Mein Gott, stöhnte Stratis.
Die Hufschläge eines Einspänners waren hinter ihnen zu hören und kamen näher. Sphinx erhob sich und hielt ihn an:
– Es ist Zeit, daß ich gehe. Lala wartet auf mich. Heute ist sie nach Kefalari umgezogen. Die erste Nacht, die sie in ihrem neuen Heim verbringt. Wenn ich nicht hingehe, wird sie nichts zu essen haben.
Sie hob ihren prall gefüllten Rucksack an und stieg in den Wagen.
Im Augenblick, da sie losfuhr, als sei ihr plötzlich ein Gedanke gekommen:
– Hör zu Stratis, wenn du willst, komm in einer oder in anderthalb Stunden, uns Gesellschaft zu leisten. Nach allem, worüber wir gesprochen haben, würde ich nicht wollen, daß du allein bleibst.
Noch nie hatte sich Sphinx derart um ihn gesorgt.

 STRATIS hatte im Jahr davor in jenem Haus in Kefalari gewohnt, in das jetzt Lala gezogen war. Es befand sich weit hinter den Gebäuden, die an der Hauptstraße standen, und kehrte ihnen die Rückseite zu. Zwei Zimmer im Erdgeschoß, eins im ersten Stock und die Eingangstür waren zum Garten hin gelegen, den ein schmaler Pfad mit der Außenwelt verband, langgestreckt wie der Hals einer Karaffe, bei Nacht sehr dunkel. Das Ende des Pfades markierte ein großer Nußbaum, der vor dem linken Fenster des Erdgeschosses aufragte. Stratis liebte diesen Baum; damals, wenn er spät abends zurückkehrte, fühlte er sich durch dessen Atem zum Haus geführt.
Gerade in Erwartung des Nußbaums war ihm plötzlich, als höre er Salomes Stimme. Er blieb überrascht stehen und lauschte. Ein unverständliches Murmeln drang zu ihm, ab und an von Gelächter unterbrochen. Er spitzte seine Ohren und wartete. Der Duft des Baums brachte ihm Bilder aus seinem Leben im vorigen Sommer zurück. Geschlossene Fensterflügel und das harte, gleichbleibende Geräusch der Zikaden in der Mittagshitze oder abends während der ersten Tage, als es noch keinen Strom gab, als er schrieb, vor einer Kerze sitzend, die mit Wachs auf einen Teller geklebt worden war, erstickt vom unerträglichen Verwirrtsein des Herzens. Da waren auch die Frösche; sie erzeugten, als wären es Millionen, ein endloses, flächendeckendes Quaken, in das sich das Bellen der Hunde mischte. Plötzlich hörte er Lalas Stimme:
– Salome! Salome! Paß auf! Oben gibt es noch kein Licht.
Ihm kam der flüchtige Gedanke, sich umzudrehen und fortzugehen. Er tat es nicht. Er trat weiter vor und stellte sich hinter den dicken Stamm des Nußbaums.
Die zwei Zimmer im Erdgeschoß waren hell erleuchtet, die Fenster weit geöffnet. Ins rechte Zimmer konnte er nicht sehen; das linke war ganz zu überblicken, an der Decke eine nackte Glühlampe an einem Kabel, deren Licht ihm in die Au-

gen stach. Bis auf einen Stuhl, genau unter der Glühlampe, und eine Konsole hinten an der Wand, auf der ein blecherner Wekker glänzte, war der Raum vollkommen leer.
Er versuchte, die Geräusche zu identifizieren. Keine Stimmen; nur der Lärm beim Hin- und Herschieben von Gegenständen. Plötzlich öffnete sich die Zimmertür, und Sphinx und Lala kamen herein, einen Tisch tragend. Sie stellten ihn neben den Stuhl; nach ihnen Salome. Lala ging wieder hinaus. Sphinx setzte sich. Salome legte ihren Beutel auf den Tisch und blieb stehen. Sphinx sah nacheinander zu den vier Zimmerecken hinauf.
– Auch ich hatte einst solch ein Zimmer, sagte sie voller Groll; sie haben einen Schweinestall daraus gemacht.
Sie schaute apathisch zur anderen hinüber, und die beiden verharrten reglos wie auf einem Foto. Stratis musterte prüfend Salomes Gesicht, wie sie da so aufrecht unter der Lichtquelle stand. Die Züge waren hart, wie mit einem stumpfen Meißel hineingeschlagen; eine Maske; man hätte sie mit den Fingern abnehmen und fallen lassen können. Lala kam wieder herein, zwei große, weiß bezogene Kopfkissen unter die Arme geklemmt. Sie legte sie auf den Tisch.
– Los, laßt uns Sodom und Gomorrha holen, sagte Sphinx.
– Wen? fragte Lala.
Sphinx schlug sich auf die Knie.
– Sodom und Gomorrha, sagte sie wieder. Ist von Longomanos. Phantastisch! …
Die anderen beiden sahen sie an. Sie konnte vor Lachen nicht an sich halten:
– Aber ja! Er hat eine neue Haushaltshilfe eingestellt; das ist ’ne Nummer! Am Mittag fragte er sie, ob sie das Haus hergerichtet habe. »Jawohl, mein Herr«, erwiderte sie, »alles in Ordnung; die Sodoms, die Gomorrhas und die Sardanapalasse! …«
– Gut gegeben, sagte Salome.
– Nur gut? Gut ist gar kein Ausdruck! Los, gehen wir!

Zusammen brachten sie den Diwan herein. Sphinx bestimmte, wo er stehen sollte; rechts und schräg vor dem Fenster.
– Hier wird er mehr frische Luft abkriegen, der arme, sagte sie.
Sie brachten die Matratze und die Laken. Salome half Lala, die Liegestatt beziehen.
– Paß auf! rief Sphinx, wie man sich bettet, so liegt man *nicht*.
Sie war von Longomanos' Marotte angesteckt worden, den Sinn der gebräuchlichen Redewendungen ins Gegenteil zu verkehren. Sie stand auf, nahm die Kopfkissen vom Tisch:
– Da sind auch die Geheimräte.
Sphinx legte sie vorsichtig auf den Diwan, das eine neben das andere, sah sie nachdenklich an und ging aus dem Zimmer.
– Sphinx hat heute gute Laune, sagte Lala.
– Bei Umzügen ist sie ganz aufgedreht; das ist mir schon früher mal aufgefallen, erwiderte Salome gelassen.
Lala bückte sich und schlug die Laken unter:
– Guck an, wie sie die Kopfkissen hingelegt hat, als würden hier zwei Menschen schlafen.
– Warum nicht, sagte Salome zerstreut.
– Wer denn noch? Willst du vielleicht heute bei mir bleiben?
– Bei dir bleiben? ... Bei dir bleiben? ... Hier werden wir nicht besonders gut schlafen. Ich hab ein so großes Bedürfnis nach Ruhe.
Noch ehe Lala antworten konnte, kam Sphinx wieder herein. Sie hielt in den Armen, als wär's ein Baby, ein ziemlich großes Paket, der Inhalt war in Zeitungspapier gewickelt. Das stellte sie auf den Tisch und ließ sich auf den Stuhl nieder. Ihr Gesicht war erhitzt.
– Uff! sagte sie, das war aber schwer.
Die anderen wunderten sich.
– Das ist mein Geschenk, fügte sie hinzu; mein Einweihungsgeschenk ...
Sie begann das Paket auszupacken.
Stratis, reglos hinter dem Baum, sah, wie eine kleine liegende

Figur zum Vorschein kam. Der Kopf war etwas größer als die Glühlampe, die von der Decke herunterhing.
– Ein Hermaphrodit, sagte Sphinx, eine Plastik, die ich sehr mag; es war schwierig, diese Gipskopie aufzutreiben.
– Ich danke dir sehr, entgegnete Lala.
– Sieh sie dir an, Salome, ist sie nicht schön, sprach Sphinx weiter. Sieh dir seine Oberarme an, die kleinen Brüste, die Schenkel; ganz und gar Frau ...
Salome kam näher.
– ... wie dein Körper, Salome ...
Eine ungewöhnliche Regung ging durch Salomes Schultern, durch Lalas Schultern und verlor sich wieder zwischen den Fingern von Sphinx, die die Rundungen des Gipses streichelten.
– Du schmeichelst mir, sagte Salome.
Stratis fühlte, daß sie einen Knoten im Hals hatte. Wie im Wachtraum setzte Sphinx ihren Monolog fort:
– ... eine Frau, die gerade reift, sieh dir diesen Bauch an! Eine Frau, die gerade reift ... und dort, im Dreieck, winzig, plötzlich und listig, ein Vögelchen.
Lala ging aus dem Zimmer. Salome setzte sich auf den Diwan:
– Du bist heute komisch, Marigo. Was ist los mit dir?
Sie hatte schnell gesprochen. Sphinx hob den Kopf; ihre Augen blitzten kurz auf, provozierend; dann senkte sie den Blick und begann, das jetzt überflüssige Zeitungspapier zusammenzufalten:
– Was mit mir los ist? Heute mache ich Geschenke: den Hermaphroditen meinem Schwesterlein und mein Schwesterlein dem Hermaphroditen ...
Ihre Stimme floß langsam und farblos. Ihre Handflächen erzeugten, während sie das Zeitungspapier glattstrich, ein trokkenes Geräusch wie beim Hobeln. Lala kam herein, einen kleinen Tisch tragend, und stellte ihn neben den Diwan. Plötzlich standen die Hände der Sphinx still:

– Ach, wie lustig!
Über den Tisch gebeugt, breitete Lala ein rotes Tuch aus; sie richtete sich wieder auf. Salome starrte vor sich hin, als hätte sie Angst, angegriffen zu werden.
– Hört mal, sagte Sphinx.
Sie nahm die Zeitung und rezitierte:
– »Aramis, an Körper und Seele leidend, richtete seinen Geist und seinen Blick auf die Religion und verstand sein doppeltes Unglück als Zeichen des Himmels, nämlich den plötzlichen Verlust seiner Geliebten und seine Wunde. Er denkt, daß es nichts Schlimmeres gibt als diesen Zustand, in dem sich die Dinge befinden …«
Sphinx brach ab und schaute um sich. Lala und Salome hörten ihr stillschweigend zu. Sie suchte nach dem Datum:
– Das Blatt ist vom vergangenen Mittwoch, vom 13. Juni, sagte sie. Das lesen sie heute noch, heute, heute … unglaublich!
Vollkommene Stille. Sie stöhnte auf, warf die Zeitung beiseite und ging zum Fenster. Sie beugte sich hinaus, schaute nach links und rechts, als erwarte sie jemanden. Dann betrachtete sie den Himmel und rief pathetisch:
– Wirklich, schlimmer kann's nicht sein. Amen.
Stratis schien es, als spreche sie zu ihm. Sphinx kehrte ins Zimmer zurück und sah auf den Wecker. Jetzt hatte sie es eilig:
– Mitternacht, ich muß jetzt los. Gute Nacht, Lala, gute Nacht, Salome …
Sie bückte sich und hob ihren Rucksack auf.
– … Ach! Das hatte ich vergessen, Lala, die Manuskripte, meine Übersetzung, die ich dir versprochen hatte. Salome wird dir alles erklären, wenn du damit Probleme hast. Du wirst sehen, Salome …
Sie holte etwas Zusammengerolltes heraus und legte es auf den roten Stoff neben das Bett.
– Gute Nacht, sagte, ohne sich zu regen, Salome.
– Gute Nacht, sagte Lala und ging auf Sphinx zu.

Sphinx blieb kurz stehen, um sie zu küssen. Lala hielt ihr die Wange hin. Sphinx sah zu Salome; deren Gesicht war ausdruckslos. Sphinx nahm Lalas Gesicht zwischen die Hände und küßte sie auf den Mund. Sie hielt es ein Zeitlang fest und betrachtete es:
– Na! Du bist ja rot geworden, Schwesterchen; zwischen uns spielt sowas doch keine Rolle. Nicht wahr, Salome? ... Gute Nacht.
Sie trat aus dem Haus in den Garten, schlug hinter sich die Tür zu und verschwand auf dem dunklen Pfad.

*

– Endlich! sagte Salome. Heute war sie unerträglich.
– Es ist auch dieses Licht, antwortete Lala, es tötet die Augen; warte mal, ich versuche, eine bessere Lösung zu finden.
– Laß, auch ich muß gehen.
– Einen Augenblick!
Lala ging aus dem Zimmer; Salome folgte ihr. Stratis betrachtete jetzt den leeren Raum, den der gipserne Hermaphrodit auf dem Tisch beherrschte. Das elektrische Licht fiel auf ihn und verlieh ihm einen harten und toten Ausdruck.
»Ähnelt er wirklich Salomes Körper?« Stratis versuchte, sich an Einzelheiten zu erinnern. Ihre Umrißlinien entsprangen der Erinnerung seines Körpers, reichten bis zu jenem Gipsernen, dann verbrannten sie. Er spürte seine Ermüdung; sie drängte ihn, fortzugehen; Lalas Stimme war zu hören:
– Ich glaube, sie hat recht, es erinnert an deinen Körper ...
Erst gingen im rechten und dann in dem Zimmer, in das er hineinsah, die Lichter aus. Ein honiggelber Schein war zu sehen sowie das Aufragen eines Schattens bis zur Zimmerdecke. Lala stellte ein Tablett mit Obst und Wassergläsern auf den Tisch. Salome folgte ihr, in jeder Hand eine Kerze. Sie plazierte die eine neben dem Bett und die andere zwischen dem Tablett und der Figur, die jetzt scheinbar lebendig wurde. Salome betrachtete sie:

– Körper, unglückliche Körper, sagte sie.
Sie durchwühlte ihren Beutel, zündete sich eine Zigarette an und setzte sich auf den Diwan. Lala zog den Stuhl heran und setzte sich ihr gegenüber. Vorgebeugt, die Hände zwischen den Schenkeln, betrachtete sie die andere. Jetzt, zum ersten Mal, schenkte Stratis den Farben der Stoffe Beachtung. Gelb auf Lala; veilchenblau auf Salome, und die Arme bis zu den Schultern frei. Salome rauchte eine Weile und sprach als erste, setzte ein Gespräch fort, das nicht zu hören gewesen war. Ihre Stimme schleppte sich gedemütigt hin:
– Sphinx hat sich also gedacht, daß diese Papiere mir helfen würden zu beichten?
– Ja, sagte Lala ruhig. Aber ich glaube, unsere Bindung ist stark genug, so daß du mit mir über alles geradeheraus und offen sprechen kannst. Ich bin bei dir.
Ihre Augen, riesengroß, ihre Blicke wanderten, während sie sprach, über das Gesicht ihrer Freundin. Es war verschlossen.
– Über alles, wiederholte sie. Nach unserer Reise glaubte ich, daß es zwischen uns keine Geheimnisse mehr gäbe. Ich fühlte mich so unbeschwert …
Wie von fern kam Salomes Antwort:
– Keine Geheimnisse mehr … Aber wie soll man über die Schlange, die sich um unser Herz windet, sprechen …
– Keine Geheimnisse mehr, ließ Lala nicht locker, darum habe ich diese albernen Papiere angenommen.
Beim Kerzenschein schwirrte ein unbeständiges Lächeln über das Gesicht der Figur. Salome starrte wie verloren dorthin. Sie drückte ihre Zigarette aus. Hüstelte.
– Es ist wahr, sagte sie, manchmal, wenn mir alles fehlt, empfinde ich deinen Körper als Trost.
– So wie Sphinx glaubt?
– Vielleicht … Ich weiß es nicht …
Sie führte ihre Hände kurz an den Hals und ließ sie dann wieder auf das Laken sinken.

– Warum hast du bis jetzt gewartet, mir das zu sagen?
– Du bist ein Kind, Lala. Warum? ... Weil ich mir nicht im klaren war; weil ich mir nicht im klaren war ... über mich ... über dich ... über keinen ...
Letzteres sagte sie mit heiserer Verzweiflung. Lala kniete sich vor sie hin und reckte ihren Kopf zu Salomes Brust. Stratis suchte sich zu erinnern, wo er diesen in Stein gehauenen Ausdruck von Zärtlichkeit schon einmal gesehen hatte.
– Weißt du, sagte sie langsam, ich habe manchmal den Eindruck, daß mir mein Körper nicht gehört. Über ihr Haupt irrten goldene Glanzlichter. Salome streichelte es. Fragte:
– Und wem gehört er?
– Jenem Menschen, dem auch deiner gehört, sagte Lala, als wäre sie nicht ganz bei sich.
Salomes Hand zuckte:
– Das mußt du mir erklären.
– Salome, antwortete Lala noch immer abwesend, keiner ist mir näher als du. Manchmal fühle ich, daß mein Schicksal auch dein Schicksal ist. Ich empfinde Schmerz, wo du Schmerz empfindest, freue mich, wo du dich freust ...
– Lala! ...
Salome nahm den Kopf, der an ihrer Brust ruhte, zwischen die Hände und rückte ihn in ihr Blickfeld:
– Lala, wohin gehst du?
– Da, wo du hingehst.
Salomes Arme fielen wie leblos herunter. Sie stöhnte:
– Alles lastet auf mir, ich werde untergehn.
Lala erhob sich:
– Möchtest du einen Pfirsich?
Sie nahm einen vom Tablett und reichte ihn ihr. Salomes Hand umschloß die Frucht abwesend. Sie lächelte.
– Er kommt auch noch an die Reihe, sachte-sachte, sagte sie, warte nur ein bißchen.
Endlos langsam verging die Zeit. Plötzlich, mit einem schnellen Flügelschlag, fuhr sie auf, und ihre Hände fielen auf Lalas

Brüste. Der Pfirsich rollte über den Boden. Nijinskij, ging es Stratis durch den Kopf.
– So klauen wohl die Kinder Äpfel, sagte sie herausfordernd zu ihr.
– Du klaust ja nichts, antwortete Lala.
– Ich dachte an jemand anderen; er würde das als übertrieben ansehen.
– Ja, übertrieben, echote Lala.
– Woher willst du das wissen, fragte Salome plötzlich.
– Gestern, in meinem Traum, warst du mit ihm zusammen …
Salomes Hand zog sich blitzartig zurück, als hätte sie in Dornen gefaßt. Lala stotterte erschrocken:
– Vielleicht warst das gar nicht du, vielleicht habe ich mich selbst gesehen …
– Ich habe Durst, verkündete Salome.
Stratis schien es, als würde ihre Stimme bis zu den Sternen aufsteigen und auf ihn herunterstürzen. Salome füllte ein Glas, leerte es, ohne abzusetzen, und sagte:
– Gehen wir also die Blätter lesen, die zur Beichte verhelfen sollen.
Sie nahm die Kerze vom Tisch; die Plastik tauchte in den Schatten. Salome stellte das eine Licht neben das andere auf das rote Tuch, setzte sich wieder auf den Diwan, nahm die Papiere und rollte sie auseinander.
– Komm, sagte sie, während sie sich in den Text vertiefte.
Lala setzte sich neben sie, zum Fenster hin.
– Rück näher heran, daß du mitlesen kannst.
– Es ist heiß, zögerte Lala.
– Dann wird dir eben heiß.
Ihre Stimme hatte sich völlig verändert. Zuhörend erkannte Stratis jenen barschen Unterton, der ihn verletzte, wenn er trotzig war. Sie lasen, ohne sich zu bewegen. Bei der letzten Seite angekommen, war plötzlich Salome zu hören:
– … »Und sie suchte tief in ihrem Innern, die Sprache zu fin-

den, die zu dem verdorbenen Mädchen paßte, das sie zu werden wünschte ...«
Sie schmiß die Blätter auf den Fußboden:
– Sie ist eine gewiefte Kupplerin, die Marigo, sie hat aus mir gemacht, wozu ich bestimmt war.
Stratis hatte den Eindruck, daß sie sich mit aller Macht selbst erniedrigte. Salome streckte die Hand aus und faßte Lalas Schulter an; ihre Finger trommelten mit einer wellenartigen Bewegung, liefen langsam bis zum Knie, prüften und schoben dann den gelben Stoff beiseite.
– Wo hast du den Pfirsich hingelegt? fragte sie. Ich glaube, seine Stunde hat geschlagen.
Lala schickte sich an, aufzustehen. Salomes Hände hielten sie zurück; sie lachte trocken:
– Komm, küß mich, worauf wartest du? Lassen wir die Förmlichkeiten beiseite.
Lala neigte sich gehorsam zu ihr hin.
– Nicht so ... Ich bin dein verdorbenes Mädchen, und du bist der passende Partner ... keine Geheimnisse mehr zwischen uns; schamlos. Du hast es gewollt, Lala.
In ihre Stimme hatte sich zum Ende hin ein anhaltendes Röcheln gemischt; sie fuhr trocken fort:
– Am Anfang brauchst du ein bißchen Phantasie; später, wenn die Gefühle einsetzen, laß dich von ihnen führen.
Die Stille schnürte Stratis die Kehle zu. Lalas Schenkel schimmerte honiggelb wie bei einer reitenden Amazone. Ein Schluchzen war zu hören. Draußen, weit weg, machten die Grillen weiter. Salome stieß sie mit Wucht auf die Matratze und stand auf.
– An wen bin ich geraten? Du bist nicht zu ertragen, sagte sie zu Lala, das muß mein Schicksal sein, solche Geschöpfe wie du.
Sie stellte sich vor das sperrangelweit offenstehende Fenster und atmete tief durch. Der Ausdruck, den sie in schlimmen Augenblicken hatte, war dort, auf ihrem Gesicht. Der Stratis so

vertraut war; den ganzen Mai über hatte er gegen ihn angekämpft, wach und im Schlaf. Salome holte noch einmal Luft und riß sich dann mit beiden Händen das Kleid auf. Es war zu hören, wie die eben entwurzelten Knöpfe zu Boden fielen. Sie warf es beiseite. Sie stützte sich, außer Atem, aufs Fensterbrett in ihrer ganzen Nacktheit.

– Lala! rief sie laut, Lala!

Lala erschien, sich die Augen wischend.

– Wenn du dich noch einmal wie ein Baby benimmst, geh ich sofort weg.

– Du bist nackt, sie werden dich sehen, sagte Lala, und packte sie bei den Schultern, um sie zurückzuziehen.

– Sollen sie mich doch sehen; sollen sie auch dich sehen, das wäre besser – steht es nicht so in *euren* Papieren?

Mit derselben Leidenschaft, mit der sie sich entblößt hatte, entblößte sie jetzt auch Lala und trat zwei Schritte zurück. Man hatte den Eindruck, als würde sie von einem unsichtbaren Wind gepeitscht.

– Sollen sie dich sehen, so ...

Lalas volle Brüste wurden sichtbar. Ihre Schultern, die hohen, verbanden sich kräftig mit den Oberarmen. Die Linie des Brustbeins lief in die unverhältnismäßig schmale Taille aus, die sich in die überbordenden Hüften ergoß. So, als sie wie vom Blitz getroffen dastand, hätte man meinen können, eine menschliche Hand wandere über ihren ganzen Körper und forme ihn.

Weiter weg, in der Nachbarschaft, zerriß das Lied aus einem Phonographen die Stille der Nacht. Lala wich zurück. Salome griff schnell nach der Kerze, stellte sie auf das Fensterbrett und zog Lala, so nah es ging, an die reglose Flamme heran.

– Ich will, daß du dich daran gewöhnst, sagte sie zu ihr. Ich will, daß du begreifst, daß du nackt bist; nackt, ohne *alles*; weißt du, was das heißt?

– Ich weiß, daß ich Angst habe, sagte Lala.

– Alles beginnt mit der Angst, antwortete sie, sieh, wie sie dich anspitzt.
Sie ging zu ihr, berührte ihre Schultern und strich mit den Händen bis hinunter zu den Schenkeln, dabei sacht die Muskeln massierend. Sie lachte dasselbe sarkastische Lachen:
– Mein Junge ist kräftig; er macht mich verrückt, wenn er will.
Lala ließ es wortlos geschehen.
Salomes Hand griff um die Taille der anderen und zog diese zu sich heran. Die Rundungen ihres Körpers flachten ab und verloschen in den Schatten. Zwischen Lalas kräftigen Oberschenkeln fletschten die jungen Wölfe ihre Zähne, hungrig. Gleich einem Bauern, alleingelassen, nachts, in einer Großstadt, schaute Stratis zu.
– Du sagtest, daß diese Figur dort dich an meinen Körper erinnert; woher willst du wissen, was mein Körper ist, Lala?
Ihr Stimme klang jetzt wie betäubt.
– So hab ich ihn mir vorgestellt, flüsterte Lala, als wäre sie darauf bedacht, Salome nicht zu wecken.
Langsam, wie im Schlaf, ließ Salome von der anderen, nahm die Kerze und stellte sie neben die Figur.
– Sieh mich an; sieh mich mit den Händen an; die Augen sehen nicht.
Lalas Hände rührten sich.
– Meine Brust ist wie diese? Ist mein Bauch wie dieser?
– Nein, ist es nicht ... nein, ist es nicht, hauchte Lala, wie mechanisch die Körperteile berührend, die Salome nannte ...
– ... Sie sind so, wie ich sie in meinem Traum sah ...
Salome fuhr auf.
– Dein Traum? rief sie.
Sie blickte verzweifelt auf ihre Hände; ließ sie auf den Hermaphroditen sinken. Ihre Finger, wie der Gips zeigte, zitterten.
– Dein Traum! rief sie wieder. Und was hat das in deinem Traum zu suchen? Dieses ekelhafte Reptil.
Mit der Schnelligkeit einer durchtrainierten Spartanerin hob

sie die Figur hoch und schmiß sie aus dem Fenster. Der Gips ging vor Stratis zu Bruch, als wäre eine Handvoll Sternschnuppen heruntergestürzt.

Der Phonograph verstummte; wieder waren die Grillen zu hören.

– Salome, bitte, beruhige dich.

Diese richtete den Blick auf das Gesicht, das sie anschaute.

– Also, du weißt nicht, ob du dich oder mich in deinem Traum gesehen hast?

– Nein, ich weiß es nicht.

– Und der Mann, der *mit mir* war, wußte er es?

– Aber es war doch ein Traum.

– Wußte er es?

Der Wahnsinn ihrer Stimme tropfte auf ihre Haut. Es kam keine Antwort. Sie griff sich an die Brüste.

– Und diese fühlten ihn nicht.

– Sie fühlten ihn.

– Und wo war ich?

– Mit dir geschah dasselbe, du warst in mir.

Salome ließ ein gebrochenes Stöhnen verlauten:

– Ich will mich befreien, ich ersticke.

– Salome, Salome, flehte Lala.

– Ich will nicht die Haut eines andern tragen, ich will meine eigene Haut, die brennt, siehst du …

Sie rannte zur Kerze und hielt ihren Arm über die Flamme:

– Diese!

Ihr Schrei drang in die Nacht. Da umarmte Lala sie und drückte sie fest an sich. Mit der anderen Hand streichelte sie ihr über das Haar, den Nacken, die Schultern, den Rücken, die bezwungene Brust.

– Lala! rief Salome noch einmal und brach zusammen.

Lala hob sie hoch, einen leblosen Körper. Bettete sie vorsichtig auf die Matratze und legte sich neben sie. Beim schwachen Kerzenlicht, beide reglos auf dem weißen Laken, glichen sie einem Relief auf dem Deckel eines Sarkophags.

Da, mit einem furchtbaren Lärm, rasselte der Wecker. Lala stand auf, stellte ihn aus, löschte die Kerzen und schloß die Fensterläden.
Stratis wollte losgehen; die Beine gehorchten ihm nicht. Er hielt sich am Stamm des Nußbaums fest. Er hörte es rascheln. Drehte sich um und betrachtete das Gesicht des finsteren Hauses. Die Tür öffnete sich und übergab Lala splitternackt dem Sternenlicht. Die schweren Zöpfe fielen ihr jetzt auf die Schultern. Sie streckte ihre Hände vor, wie wenn man das Naß von einem Wasserfall trinkt. Sie hatte eine seltsame Ausstrahlung in dieser leeren, sie umgebenden Welt – jenseits der Menschen. Leichtfüßig, als würde sie die Erde nicht berühren, näherte sie sich dem Baum. Stratis versuchte nicht länger, sich zu verstekken. »Wozu?« überlegte er, »sie muß wissen, daß ich hier bin.« Sie kam sehr nahe heran. Ergriff einen Ast und schmiegte den Kopf zwischen die angewinkelten Arme. Eine jugendliche Kraft umgürtete ihre Taille mit unendlicher Zärtlichkeit. Er spürte ihren Atem vergehen im Atem des Nußbaums, der ihn schwindlig machte. »Wo schmerzt es diesen Baum?« überlegte er wieder. Ein Flüstern zwischen den Blättern antwortete ihm:
– Mein Gott, hilf ihr. Hilf mir, daß ich ihr helfe.
Stratis erwehrte sich des Verlangens, ihr zu Füßen zu fallen.
Lautlos, wie sie gekommen war, verschwand Lala wieder im Haus.

STRATIS:

Sonntag, Juni

Eine Woche ist verstrichen. Jene Sonne will mir nicht aus dem Sinn gehen.

Nach jener unfaßbaren Nacht schaute ich den Morgen des vorletzten Sonnabends, während ich aus Kifissia zurückkehrte. Gegen Abend klopfte ich an ihre Tür. Sie hatte sich herausgeputzt; die Wohnung dunkel.

– Damit habe ich nicht gerechnet, sagte sie.

– Ich habe auch nicht damit gerechnet.

– Es werden aber Freunde kommen, sie können jeden Augenblick hier sein.

– Du wirst ihnen nicht öffnen; du hast sie oft genug gesehen.

– Nicht heute; nicht heute. Ich bitte dich. Morgen tu ich, was du willst.

Der Schlüssel steckte in der Haustür; ich drehte ihn zweimal im Schloß herum und schmiß ihn unter die Truhe.

Salome wurde wütend. Wir rangen.

Ein Wald voll von Krämpfen und Schluchzen die ganze Nacht.

Während es tagte, tiefe Stille.

Und dann, plötzlich, gleich der Frucht, die fällt und auf dem Boden aufschlägt in einem verlassenen Garten, traten wir über die Schwelle.

Um eins gingen wir hinaus. Ich lief geradewegs zur Akropolis. Salome folgte mir. Wir sahen das Licht der Sonne.

Der Mittag wetzte seine Zähne am glutheißen Marmor, der Funken sprühte aus seinen winzigkleinen glitzernden Partikeln, ohne Ende und Anfang. Ein Zucken, und es offenbarte sich der plötzliche Zauber, der mich geblendet hatte in meinem Kindheitsmeer, als all das, Häuser, Boote, die Strände und Inseln, an einem seidenen Faden zu hängen schien, der kurz davor war, zu reißen und all diese Dinge mit einem Male im Finstern untergehen zu lassen.

Für einen verdichteten Augenblick war ich dort und war sie dort; als Ganzes ohne Schatten. Schweißtröpfchen perlten aus den Poren ihres Nackens; ihr Herz schlug laut. Ich hatte die Gewißheit, daß es überall so schlagen würde: unter diesem Marmor oder wenn unser Fleisch vom Feuer verzehrt würde, unsere Gebeine nackt zurücklassend.
– Es war so einfach, flüsterte ich und drückte ihren Arm.
– Du tust mir weh, sagte sie.
– Ich dachte, daß hier niemand Schmerz empfindet, erwiderte ich gedankenlos.
Ich sah ihren nackten Arm über der Kerzenflamme und Lala mit all ihrer Kraft den bewußtlosen Körper aufheben.
– Glaubst du, daß Lala hier standhalten würde, fragte ich, als spräche ich mit mir selbst.
Sie sah mich an.
– Glaubst du, daß sie es in diesem Feuer aushielte?
– Was willst du damit sagen?
– Weißt du, ich war dort, vorgestern nacht, in ihrem Garten.
– Ach, sagte sie, das erspart viele überflüssige Worte.
Mit der Bewegung eines Chitons, in unzähligen Faltenwürfen, breitete sich ihr Körper langsam über den Marmor, der pochte unter den flammenden Einschüssen der Sonne, die überall Wölbungen und Einbuchtungen erzeugte, eine ungestüme Sehnsucht.
– Ich will dich! rief ich, ohne zu wissen, wem meine Worte galten.
Aus den Eingeweiden des Lichts hallte es wider:
– Ich will dich.
Wir rannten los, als würden uns die Flammen jagen. Erst vor ihrer Tür holten wir Atem. Der Rhythmus des Tanzes von dort oben war noch mit uns.
Erst als wir uns in das kaputte Bett legten, drang durch den Spalt der Fensterläden eine Stimme von der Straße zu uns:

– Alte Sachen kauf ich! Alte Sachen! Der Aaaltwarenhändler ist da!

Dienstag, spät in der Nacht

Wir gingen noch einmal auf die Akropolis. Heute abend. Der vollrunde Mond spendete wäßriges Licht, leichthin. Der Fels reiste durch die Lüfte, und wir liefen übers Deck der Galeere, alle Segel gesetzt.

In der Nähe des Nike-Tempels blieben wir stehen. Ich umfaßte ihre Taille. Ich fühlte, daß der Durst uns nicht mehr trennte.

– Salome, zum ersten Mal spürte ich an meiner Seite einen Menschen ... einen Menschen meines Schlags.

Sie sah mich an. In ihrem Gesicht dieser Ausdruck, den ich liebgewonnen hatte während unserer Rückkehr aus Asteri. Ich bedauerte, daß das Mondlicht auf sie fiel.

– Weißt du, ich heiße nicht Salome; ich heiße Bilio.

Eine Prozession von Mythologien zog an mir vorbei und entschwand; eine Flügelschar.

– Und was noch bedeutender ist, fuhr sie fort, wir werden uns nie mehr trennen.

Mir war, als würde unser Schiff durch einen Kanal fahren; ich fühlte mich eingeengt.

– Jetzt, sagte ich, ist die Trennung belanglos.

– Um so besser ... Weißt du, ich werde nicht lange leben.

Ein laut tönender Rhythmus rollte über das Meer des Mondes und kam mir immer näher. Dann funkelten, wie die Augen der Tiere auf nächtlichen Straßen, in meiner Erinnerung die Marmorblöcke jenes Tages.

– Ach, zusammen unter der Sonne leben, sagte ich.

– Ja, unter der Sonne, erwiderte sie. Für mich ist die Akropolis passé. Ebenso unser Freundeskreis. Nur Lala bleibt.

Ich hörte ihr zu. Sie sagte noch:

– Wer weiß, am Ende einer jeden Sehnsucht gibt es vielleicht eine Lala.

Die Pfiffe waren zu hören.

– Zum ersten Mal, daß etwas zu seiner Zeit kommt. Mir scheint, wir haben alles gesagt.
Ich sprach kein Wort. Wir waren oben an der Marmortreppe angelangt.
– Laß mich allein gehen; es wäre mir lieber.
– Mach's gut, sagte ich.
– Mach's gut. Vergiß mich nicht.
Sie stieg die Treppe hinunter. Es stieg der Körper hinunter, den ich den ganzen Nachmittag mit soviel Freude in meinen Armen gehalten hatte. Salome war verschwunden, und ich versuchte, ihn zusammenzubringen mit seinem neuen Namen, jenen Körper. Noch immer stieg er hinunter. Es blieben zwei Treppenstufen; er ließ sie hinter sich. Jetzt war die lange Treppe vollkommen leer. Ich betrachtete sie. Mir schien plötzlich, als schlucke der Marmor alles Licht und stürze mit ihm in die totale Finsternis. »Aber wer bin ich denn nun?« fragte ich mich wie im Traum. Da leuchtete die Sonne gleißend auf, in ihren Fangarmen diese Liebe haltend.

Fünfte Nacht

STRATIS stand auf, noch benommen vom Mittagsschlaf, was seine Bewegungen einschränkte, als trüge er gestärkte Unterwäsche. Er goß sich Wasser über den Kopf; hatte den Eindruck, daß ein Panzer von ihm abfiel. Er ging hinunter auf die Straße; als er um die Ecke bog, sah er die Straßenbahn bereits an der Haltestelle. Er rannte, holte sie ein, als sie anfuhr, und sprang völlig durchgeschwitzt auf. Sie war zum Verzweifeln voll; er zwängte sich, so gut er konnte, auf der Plattform zwischen das dichtgedrängte Fleisch. Ein Fräulein stupste im Fahrtrhythmus an seinen Arm, mal mit der einen, mal mit der anderen aufgerichteten Brustwarze; die Lippen des Fräuleins ließen ein orange angemaltes Herz erkennen, seine Lider senkten sich, beladen mit schwarzem Ruß. Das Fräulein stieg an der nächsten Haltestelle aus; er sah, daß es hinkte. Der Herr rechts von ihm trug ein Monokel; sein Kragen war schmutzig und steif. Er rauchte eine ekelerregende Zigarre und las eine Zeitung mit dem Titel *Das Wort Gottes.* An der übernächsten Haltestelle stieg auch er aus, Stratis' Wange mit der gezackten Krempe seines Strohhuts kratzend. Stratis holte sein Taschentuch hervor; die Schramme in seinem Gesicht blutete. An der dritten Haltestelle verließ Stratis selbst die Straßenbahn. Der Asphalt war glühend heiß und weich; er ging ein Stück zu Fuß und klopfte an Nondas' Tür. 

Der saß am Tisch. Nondas spitzte vorsichtig seine Bleistifte an. Er schaute auf und sagte:

– Ich grüße den Trotzkopf Johanan!

Er seufzte und fügte hinzu:

– Und wo sind wir stehengeblieben ...

– Beim ersten Tag der Schöpfung, antwortete Stratis; die Akropolis ist passé.

– Es war an der Zeit, sagte Nondas wehleidig, es war Zeit, daß wir aufhören, wie die Schnecken über jene Steine zu kriechen. Wir waren in eine Sackgasse geraten. Siehst du, in Griechen-

land waren die Probleme der Kommunikation immer die schwierigsten. Außerdem, jetzt, da Longomanos hier ist, hat Sphinx ihren Dienst angetreten; Lala ist nach Kifissia umgezogen, und Salome ... Wo ist Salome?
– Verschwunden.
– Wie, verschwunden?
– Ich weiß nicht, unauffindbar, sagte Stratis schnell. Was die Akropolis betrifft, kann sein, daß du recht hast. Nur daß wir uns jetzt die Gelegenheit entgehen lassen, jenen Kuppler des Vertrauens wiederzufinden.
Nondas' Gesicht hellte sich auf:
– Wie kommst du denn auf den? Du wolltest mich mit ihm bekannt machen.
– Er hat auch Münzen mit Phallusabbildungen; und Leuchter mit allen Stellungen der klassischen Antike.
Nondas wiegte seinen Kopf wie ein Blatt, wenn es fällt:
– Den muß ich kennenlernen, sagte er. Und dann, plötzlich:
– Weißt du, Sphinx erwartet mich. Klis und Nikolas werden dort sein; vielleicht auch Lala; komm doch mit.
– Ich bin zu träge.
– Es ist nicht richtig von dir, daß du diese Abneigung gegen sie hegst. Natürlich hat sie abstruse Gedanken, doch was kann sie dafür; Longomanos ist es, der sie dahinbringt; im Grunde ist sie eine Frau, die kein Glück hat.
– Ich dachte, sie schwelge in Seligkeit.
– Es ist einfach, als Außenstehender zu sprechen. Longomanos ist ein Satan. Er benutzte sie, sooft und wie es ihm beliebte; jetzt ist er bereit, sie wegzuwerfen wie ein abgetragenes Hemd.
– Unmöglich, sagte Stratis.
Nondas machte eine geheimnisvolle Miene; beinah murmelnd:
– Hör zu, ich glaube, jetzt kann ich es dir sagen. Longomanos wollte Salome; das war vor zwei Jahren; Sphinx schaffte es nicht: die erste große Krise zwischen den beiden. Jetzt will er

Lala; Sphinx setzt alles daran, sie zur Opferstätte zu führen; sie schafft es nicht: zweite Krise; mir scheint, die endgültige.
– Woher weißt du denn das alles?
– Na! ... Es gibt Augenblicke, in denen jemand beichtet, sagte Nondas mit verhaltenem Stolz.
Er sah zur Decke:
– Die Arme, er ist so erbarmungslos zu ihr, er wird sie noch verrückt machen ... und sie ist alles andere als häßlich ...
Er zog sein Jackett an:
– Gehen wir.
Er war hektisch geworden und gierig. Stratis folgte ihm.

*

Obwohl alle Fenster offenstanden, herrschte stickige Hitze im Raum, in dem Sphinx sie empfing. Zwei wuchtige alte Möbelstücke ließen ihn noch enger wirken. Hinten der Tisch und die Stühle im selben Stil. An den Wänden alte Musikinstrumente wie große Luftballons und dazwischen vergilbte Kopien von Bildern Dürers und Brueghels. In einer Ecke, neben der Glastür, ein niedriger Athener Diwan, der leicht wie eine Nußschale wirkte.
Alle waren da. Lala saß auf dem Rand des Diwans. Kaliklis war in Fahrt gekommen:
– ... Ich habe seit 1922, als ich aus der Armee entlassen wurde, nie wieder eine Zeitung in die Hand genommen. Es reicht, daß ich nur die fetten Lettern über den Leitartikeln sehe, und mir wird schlecht. Ich habe nie begriffen, weshalb einem Privatmann, in der Regel auch noch ein Schlitzohr, gestattet wird, solch eine Macht zu haben, und mir und dir nicht gestattet ist, Privatpanzer zu besitzen.
Sphinx war zufrieden, weil es in ihrer Gesellschaft so lebhaft zuging. Sie trug ihre Kutte, ging herum, Ouzo und Oliven anbietend.
– Ich hätte gern meinen eigenen Panzer, ließ Nikolas ernst vom andern Ende des Zimmers verlauten.

Alle sahen ihn an.
– Ja, ich wollte, ich könnte damit jeden Sonntag von zu Hause nach Glifada spazierenfahren; immer wieder haltmachen und meinen Dienern befehlen, ihn zu putzen, zu polieren und nachzuladen; und dann, in dem Augenblick, da die versammelten Massen darauf warten, daß er schießt – befehlen, ihn zu entladen.
– Und wenn dir danach wäre zu feuern, was dann? fragte Kaliklis ungeduldig.
– Dann würde ich Kopf-oder-Zahl spielen.
– Du bist verrückt!
Aus der Ecke, in der Lala saß, ließ sich ihre Stimme vernehmen:
– Mich amüsiert der Panzer von Nikolas. Ich würde ihm folgen, in einem mit schreienden Farben bemalten Karren sitzend, in der Hand diese Schnur da ... wie heißt sie gleich? ... die, durch die der Schuß ausgelöst wird.
– Und wenn das Kopf-oder-Zahl entschiede: Feuer? fragte Nikolas.
– Ich würde die Augen schließen und ziehen, und dann Gott bewahre!
– Bravo, Lala, nur du verstehst mich, sagte Nikolas.
– Die Kanonen töten, sagte Kaliklis, als spräche er zu Minderjährigen.
– Alle töten, erwiderte Lala, und ihr Blick wurde wieder stumpf.
Sphinx saß jetzt nah beim Tisch, neben ihr Nondas. Stratis ging zu ihnen.
– Gut, daß du gekommen bist, sagte die Sphinx zu ihm, ich habe gedacht, wir sehen dich nicht wieder.
– Wieso? fragte Stratis.
– Jeder hat so seine Probleme, antwortete Sphinx, und sie machte ihre Stimme so süß wie nur möglich.
– Ja, manchmal ist es ein Golgatha, sagte Nondas mit einem Ausdruck von Solidarität.

– Ich weiß nicht, was mit Golgatha gemeint ist; ich weiß, daß es Mumm braucht, um an die Spitze zu kommen.
Sphinx sah Nondas strafend an und wandte sich wieder Stratis zu:
– Wirklich, seit Tagen bist du nicht bei Longomanos gewesen. Heute fragte er mich, was aus dir geworden ist. Er hegt große Sympathie für dich. Das ist doch nichts, daß du dich über Nikolas' Witze amüsierst; du mußt dich an unseren höheren Geistern schulen.
Nondas äugte melancholisch zur Decke:
– Die höheren! stöhnte er.
Sphinx' Finger trommelten nervös auf die Tischplatte.
– Geh und hol mir das Glas da, sagte sie zu Nondas, wie man einem Bediensteten befiehlt.
Vor ihr auf dem Tisch standen drei saubere Gläser; Nondas gehorchte; sein Gesicht war fettig von Schweiß. Sie setzte ihre Unterhaltung mit Stratis fort:
– Ja, ich war heute morgen mit ihm zusammen. Er ging einkaufen; auf der Athinasstraße. – Longomanos einkaufen, das darf doch nicht wahr sein! Die Leute dichtgedrängt. Du hättest ihn hören sollen. »Der wird leben«, sagte er, »der der Zukunft direkt in die Augen sieht, über diesen ganzen Menschenmatsch hinweg. Wir leben in einer Zeit der Offenbarungen; es ist ein schwerer Kampf; der sein Herz mit Eisen wappnet, der wird wert sein, errettet zu werden.«
Nondas war mit dem Glas gekommen und wartete. Sphinx würdigte ihn keines Blickes; inzwischen war auch Nikolas da.
– Ich glaube, es ist soweit, sagte sie zu Stratis.
Nondas wischte sich die Stirn, in der Hand immer noch das nutzlose Gefäß. Stratis stand auf.
– Ich komme auch mit, sagte Lala, ich nehme den Bus nach Kifissia.
Sphinx begleitete sie bis zur Haustür.
– Ich wollte, wir wären enger befreundet, sagte sie zu Stratis.
– Sind wir es denn nicht?

– Ich wünschte mir, wir könnten zusammen etwas lesen; das Mädchen hier sollte auch dabei sein.
– Das sollte sie, sagte Stratis, aber bitte keine Lesestunden.
Er bedauerte, daß er das gesagt und dabei Lala angesehen hatte. Lala suchte nach ihrem Tuch. Sphinx redete weiter:
– Du wirst auch das neue Kleid sehen, das ich für sie nähe; lebhaft und anschmiegsam; wie eine treue Sklavin.
– Wenn du mir ein Jackett in der Art machen würdest, sagte Nikolas, müßtest du es auch taufen, damit ich es rufen könnte.
Sphinx stockte:
– Es rufen?
– Ja, rufen, weil es mir ständig weglaufen würde.
Als sie hinausgingen, murmelte Nikolas:
– Das Morgen! Das Morgen! Aber wer wird nach dem Heute sehen?
Sie nahmen ein Taxi, um Lala auf dem Kanigos-Platz abzusetzen. Sie war guter Dinge.
– Was ist denn das schon wieder für eine neue Person? fragte Nikolas sie.
– Welche?
– Das Kleid.
– Es ist das Horoskop, sagte Lala.
Sowohl Nikolas als auch Stratis rissen die Augen auf.
– Ja, Longomanos hat ihr gesagt, sie soll sich vor dem Augustvollmond in acht nehmen. Und je mehr Tage vergehen, desto unruhiger wird sie. Sie läßt sich immer neue Sachen einfallen, um sich abzulenken.
– Gut, daß wir mit der Akropolis fertig sind, sagte Stratis.
– Hoffentlich ist auch sie mit der Akropolis fertig, sagte Lala.
Der Wagen hielt; zwischen den Bussen wimmelte es nur so von Leuten.
– Das nächste Mal fahren wir mit deinem Panzer, Nikolas; das wird bequemer sein ... Ach! Seht! Der zunehmende Mond.

Sie verharrte einen Augenblick lang, ins Dunkelblau starrend, und verabschiedete sich dann lachend. Sie war sehr flink in ihrem Leinenkleid.

*

Als Sphinx in ihren Salon zurückkam, sagte Kaliklis fast barsch zu ihr:
– Ich glaub, ich platze gleich; ich halt es hier drinnen nicht mehr aus.
Über Nondas' Lippen huschte ein süßsaures Lächeln.
– Gut, dann gehen wir eben raus, antwortete sie, wir nehmen auch Herrn Nondas mit, damit er uns mit seinen Witzen unterhalten kann.
Das Lächeln erstarb. Nondas fühlte, daß er sich vielleicht wehren müßte.
– Mir scheint, daß du manchmal übertreibst, wenn du über Longomanos sprichst, sagte er zu ihr, so höflich er konnte.
– Longomanos ist ein Gigant, platzte Sphinx heraus; Kaliklis, ich will deine Meinung!
– Wenn wir hinausgehen, sag ich sie dir; hier drinnen sag ich gar nichts, erwiderte dieser.
Und sie, Nondas mit einem Blick festnagelnd:
– Er ist der größte Mystiker, den Griechenland jemals hatte.
– Für mich ist der Mystiker ein Mensch, der darum ringt, sich mit Gott zu vereinen, sagte Nondas.
– Jawohl.
– Ich kann nicht sehen, was Longomanos mit Gott zu schaffen hat.
– Ganz recht, denn du siehst nur den Gott der Juden.
– Sein Gott, scheint mir, gleicht eher dem Idol eines Wilden.
Hier biß sich Nondas auf die Zunge; er spürte, daß er sich hatte hinreißen lassen. Sphinx sprang auf, als hätte man ihr einen Hieb versetzt:
– Jawohl, geht und ruft die Eunuchen zusammen; zeigt ihnen

einen Helden – wie werden sie ihn nennen? Sie werden ihn Menschenfresser nennen.
– ... eines Wundertäters, der Hysterie verbreitet.
– Jawohl, wir akzeptieren die Hysterie nur, wenn sie uns in den Büchern der Juden offeriert wird.
– Es gibt doch schließlich Dinge, die du anerkennen mußt.
– Mußt, nicht wahr? ... Und du mußt nicht; und die lange dunkelhaarige Schönheit Seiner Hoheit Salomo ist eine bleigriffelgeritzte Kirche, und ihre Brüste sind Glockentürme!
Es war wirklich sehr schwer für eine menschliche Zunge, sich bei diesen Wörtern, die Sphinx gerade ausstieß, nicht zu verheddern; sie begann zu stottern. Kaliklis hatte aufgehört zu seufzen und mußte die Lachkrämpfe unterdrücken, die ihn schüttelten. Nondas' Gesicht verfärbte sich, als hätte ihn der Schlag getroffen.
– Du bist ganz der Unzucht verfallen; wir können uns nicht ernsthaft unterhalten.
Sphinx überließ sich dem Strudel einer irren Rhetorik:
– Was hast du da gesagt? Herr Nondas, was hast du da gesagt? Wir sind nicht ernsthaft, was? Es steht uns nicht zu, Unterhaltungen mit den durchlauchten Mönchen zu führen? Sollen mal die Novizen kommen, die so brav die Schrift studieren, sollen sie kommen und uns erzählen, was sie beim Lesen machen ...
Ein undefinierbarer Laut schwang in Nondas' Kehle. Sphinx schlüpfte in die Rolle einer Schauspielerin und ließ folgendes Rezitativ verlauten:

Ich habe mein Kleid ausgezogen – wie soll ich es wieder anziehen?
Ich habe meine Füße gewaschen – wie soll ich sie wieder schmutzig machen?

Mein Freund steckte seine Hand durchs Riegelloch,
und mein Innerstes wallte ihm entgegen ...

Den letzten Vers wiederholte sie, singend; sie schaute in die Runde wie eine Primadonna, schluckte die vollständige Stille, die im Zimmer eingetreten war, herunter, und schleuderte dem armen Nondas ins Gesicht:

– Was machen denn die Novizen, wenn sie sich an dieser Schlüssellochszene aufgeilen? Was machen sie? Was? Bordell? Oder was?

Sie setzte sich auf den Diwan und brach in ein abgerissenes Gelächter aus. Das gewaltige Lachen von Kaliklis echote aus der anderen Ecke des Raums. Ein bestirnter Himmel, der sich in einem Sumpf spiegelt.

Ohne zu grüßen, stumm und bleich, ging Nondas zur Tür.

– In einer Viertelstunde treffen wir uns in der Konditorei, sagte Kaliklis zu ihm.

*

Nondas torkelte hinaus und nahm die Patission-Straße. Er ging in die Konditorei, bestellte ein Stück Torte, das er nicht anrührte, und leerte hintereinander drei Glas Wasser. Nach einer Stunde traf Kaliklis ein, außer Atem.

– Mensch, Junge, sagte er zu ihm, wie hast du das denn fertiggebracht?

– Diese Frau ist doch verrückt; warum sperren sie die nicht ein?

– Einverstanden. Die Verrückten sind nicht in der Anstalt von Dafni, sie laufen frei rum, aber du?

– Ich hab die Geduld verloren.

– Das war dein Fehler; du hättest dich nicht aus der Fassung bringen lassen sollen; war dir nicht klar, wie es um sie stand?

– Du hast recht, sagte Nondas bedrückt, aber ich hoffe, sie hat ihr Verhalten bereut.

Kaliklis warf ihm einen zweifelnden Blick zu:

– Ich weiß nicht.

– Hat sie nichts über mich gesagt?

– Nein, sagte Kaliklis verärgert, weil er sich gezwungen sah, einsilbig zu antworten.
– Und was hat sie gemacht? fragte Nondas nach.
Kaliklis hielt einen Augenblick inne und faßte dann Nondas beim Arm:
– Du wirst es nicht weitersagen; versprochen?
– Versprochen.
Er holte tief Luft und begann:
– Als du die Tür hinter dir geschlossen hattest, hörte sie auf zu lachen und fragte mich: »Hab ich nicht recht?« – »Natürlich hast du recht«, antwortete ich ...
Nondas machte große Augen. Kaliklis bemerkte seine Verwunderung.
– Wenn du mich so ansiehst, erzähl ich nicht weiter. Wie schon gesagt, von Irren verstehst du nichts.
– Also? fragte Nondas.
– Also, »Natürlich«, sagte ich zu ihr, »du hast recht«. – »Ist denn das kein Beischlaf?« – »Aber sicher«, erwiderte ich, »es lebe der Beischlaf!« Nachdem sie das gehört hatte, ging sie, sich in den Hüften wiegend, zum Diwan, legte sich hin, schaute verträumt, und von vorn denselben Psalm ...
– Nämlich? fragte Nondas.
– »Deine Haare sind wie eine Herde Ziegen ...« undsoweiter, undsoweiter – wie soll ich mich daran erinnern ... das ist doch einerlei.
– Das hätte ich ihr sagen sollen, es hätte ihr bestimmt geschmeichelt.
– Warum fällt einem so etwas nicht früher ein? Und warum hast du es nicht gesagt?
– Ich war verärgert.
– Bravo! Über Frauen ärgert man sich nicht.
– Und dann?
– Dann hörte der Singsang auf, und sie begann sich auf dem Diwan hin und her zu wälzen. Ich tat so, als würde ich es nicht bemerken. Nachdem die Wälzerei zu Ende war, sagte sie – du

weißt schon, um sich zu rechtfertigen: »Uff, mein Körper war schon ganz schlapp.« – »So ist das, wir sind eben keine Stubenhocker. Da ist die Akropolis dann doch besser«, antwortete ich ihr. Das Weibsbild suchte eine Gelegenheit – »Freilich«, sagte sie, »wäre Salome hier, würde uns das Stubenhocken sehr gefallen? Jetzt aber zieht es uns nach draußen.« Ich versuchte, mich aus der Affäre zu ziehn: »Zur Akropolis oder zum Philopapposhügel«, sagte ich zu ihr. Das steigerte ihre Lust. Im Innersten verstehe ich die Arme. Was soll sie machen? Longomanos hat sie dahin gebracht, daß sie zu allem, was er will, Ja und Amen sagt. Und von dir ganz zu schweigen. Also, sie war geil. »Kaliklis, hör auf, Süßholz zu raspeln«, sagte sie zu mir, »ich halte dich nicht für besser als Stratis, und auch nicht als Nondas, diesen Idioten. Ihr tanzt alle um sie herum wie um den Maibaum; und sie spielt die Fee, mal sichtbar, mal unsichtbar. Den Stratis hat sie schon ganz schwach gemacht; der Arme ist schon hinüber. Warte nur, du kommst auch noch dran; dieses ekelhafte Weibsstück! Aber eins mußt du wissen. Wenn du zu weit gehst, rächen sich irgendwann mal sogar die Steine. Und dort, wo wir uns im Mondlicht herumtreiben, ist die Luft voll von Geistern. Und sind die Geister auch schwach, finden sich doch Menschen, die ihnen helfen. Daß du's weißt, die finden sich.« Ihre Stimme klang so leidenschaftlich, daß man hätte meinen können, sie krempelte sich die Ärmel auf, um ein Hexengebräu anzurühren. Ich wußte nicht, wie ich ausweichen sollte.

Kaliklis verstummte plötzlich.

– Und was hast du gemacht?

Er seufzte:

– Eine Dummheit. Wie soll man auch mit solchen Wesen zu Rande kommen?

Plötzlich brach er in schallendes Gelächter aus. Er holte sein Taschentuch heraus und wischte sich den Mund ab.

– Weißt du, warum ich lache? Ich lache über deinen mißglückten Versuch, mit dieser Irren einen theologischen Disput zu führen. Sei's drum. Kurz und gut, ich versuchte, das Thema zu wechseln. »Nimm's nicht so schwer«, sagte ich zu ihr, »ich habe mich gerade an meinen gestrigen Abend erinnert. Wir waren in der Taverne. Neben uns ein Betrunkener; mal sang er Traviata, mal Rigoletto und soff dabei wie ein Faß. Die Sache nahm überhand. Der Tavernenbesitzer ging zu ihm hin und redete auf ihn ein – ›Komm, Vizaniaris‹, sagte er zu ihm, ›komm, es ist Zeit, schlafen zu gehen.‹ Der scherte sich nicht drum: ›Schla a a a fen gehn ... schla a a a a fen gehn‹, sang er. Dann, mit einemmal, richtete er sich auf, sah zur Decke hinauf und rief mit der ganzen Sehnsucht seiner Seele: ›Heb deinen Rock hoch, daß ich dein Herz As sehe ... ach!‹« Und ...

– Und? fragte Nondas.

– Herz As, antwortete Kaliklis schnell.

Auf Nondas' Gesicht spiegelte sich Entsetzen und dann Verachtung.

– Wie gemein! sagte er.

Er rief den Kellner, bezahlte und ging eilig fort.

Kaliklis, gleichgültig, ließ ihn ziehen und schlenderte allein durch die Straßen.

– DER ZWEIER! Der Dreier! Und der Vierer! Ha, ha, ha! sagte Longomanos.
Mit dem Finger, den ein breiter Ring zierte, zeigte er auf sich, auf Sphinx und Lala.
– Willkommen! Willkommen!
Er saß auf einem hölzernen Thron, zwischen Sessel und Stehpult. Weiter hinten auf dem Boden, im Schneidersitz, Knut. Sphinx hielt einen Hirtenstab, Lala einen großen Rucksack, bestickt mit folkloristischen Motiven, und Stratis ein Buch. Das Besondere an diesem Nachmittag war, daß Nikolas mit ihnen gekommen war.
– Der Vierer? fragte Lala.
– Ha, ha, ha! lachte Longomanos wieder. Ja, du bist der Vierer: das Kindchen!
Er wurde pathetisch und fabulierte:
– Das Kindchen Pasiphae! Wie das Kindchen Herakles! Das begehrte Kindchen! ... Hervorragend! ... Hervorragend! ...
Sphinx lächelte. Er drehte den Kopf ihr zu:
– Meine Treue, heute beabsichtige ich, dich auf den Namen Europa zu taufen!
Sphinx' Lächeln schwand.
– Schade, sagte Stratis, ich hätte Kirke bevorzugt.
– Aber Europa ist es, die diesen Krückstock halten müßte.
Der Hirtenstab fiel zu Boden. Nikolas hob ihn auf.
– Damit sie schneller ins Grab kommt, sagte Longomanos mit einer weit ausholenden Geste. Ihr seht es! Es ist offen!
Nikolas betrachtete aufmerksam den Fußboden und verrückte seinen Stuhl. Longomanos blickte ihn streng an.
– Sie entschuldigen, sagte Nikolas, ich mag keine Gräber; irgendwann mal ...
Er konnte nicht weitersprechen. Durch Longomanos' gleichgültigen Blick fühlte er sich kompromittiert. Jener schaute jetzt auf Stratis' Buch:

– Junger Mann, ich sehe, du liest. Was liest du?
– Den *Goldesel*, sagte Stratis.
– Welcher Esel? fragte Longomanos, sich plötzlich wieder an Nikolas wendend.
– Der goldene, antwortete Nikolas wie ein Schüler, den der Lehrer zu ertappen versucht; der goldene, bei Hecate.
– Des Apuleius, fügte Stratis hinzu, das Buch unterhält mich, wenn es in den Bussen und Straßenbahnen zum Gedränge kommt.
– Ach! *De ausino aureo*, sagte Longomanos, jene furchtbaren Geister, die einem das Blut aussaugen …
Er schaute Sphinx an, als versuchte er, sich zu erinnern:
– … ich glaube, im August … natürlich, im August! …
Die Augen der Sphinx, furchtsam, nahmen einen flehenden Ausdruck an.
– … Unglaublich! Unglaublich! … Bei Vollmond im August! … Nicht mehr lange! … Er ist schon halb! … »Audax Hecate! …«
Er betrachtete einen endlosen Augenblick lang Lalas Körper, als würde er darüber nachdenken, von welcher Seite er ihn aufdecken würde. Sein Antlitz hatte einen herrischen und schamlosen Ausdruck angenommen; er keuchte:
– »Tibi nudato pectore!«
Das Latein füllte seinen Mund wie große Happen.
Sphinx war zur Salzsäule erstarrt. Lala fühlte sich nicht wohl in ihrer Haut; sie versuchte, zu entkommen oder Sphinx zu helfen:
– Das wäre ein anderer Kalender; vielleicht war's nicht unser August, murmelte sie scheu.
– Ich habe nicht auf den Monat geachtet, sagte Stratis; außerdem finde ich es gar nicht so furchtbar. Das Buch wirkt manchmal auf mich wie Jazz.
– Jazz! sagte Longomanos, als würde er mit den Zähnen eine Haselnuß knacken, was ist denn das?
– Die Musik der Schwarzen Amerikas oder, besser, die Art,

aus allem, was ihnen passiert, Musik zu machen; egal was.
– Und das macht dir die Seele voll? fragte Longomanos verächtlich.
– So hochtrabend habe ich es nicht ausgedrückt; aber es amüsiert mich, genau wie Lucius, der aus allem ein Zaubermittel macht.
– Unglaublicher Luxus!
– Luxus der Armut vielleicht, wie soll man sonst leben, sagte Stratis.
Nikolas saß geduckt auf seinem Stuhl; man hätte meinen können, er versuche, so wenig Angriffsfläche zu bieten wie möglich. Und genau auf ihn hatte es Longomanos jetzt abgesehen.
– Und Sie? Was amüsiert Sie? herrschte er ihn an.
Wie einer, den man zwingt, sich einem Riesenpublikum zu stellen, beinah gänzlich erstarrt, erwiderte Nikolas:
– Der Kutscher, der sich wie ein Musiker, welcher ein Instrument spielt, vornüberbeugt, um das Klappern der Hufe auf dem Asphalt zu hören; der Spekulant, der sich an der Tür zur Börse unterhält und einem mit Gesten und Blicken bedeutet, man solle ihm bestätigen, daß er recht hat; die Dame, deren linke Brust schwerer als die andere ist und die deshalb glaubt, sentimental zu sein; der Geruch bei den Schuhputzern vom Omonia-Platz und die Mandelcreme mit dem Namen »Athener Schönheit«, die ...
Knut hatte Bleistift und Notizbuch beiseite gelegt und streckte seine Arme nach Longomanos aus, der die Augen verdrehte wie kurz vor einem Schlaganfall.
– Hör auf! Hör auf! rief Longomanos, wir werden in dieser Kloake ersaufen.
– Sie entschuldigen, sagte Nikolas zaghaft, Sie hatten mich doch gefragt.
– Also damit vertreiben Sie sich die Zeit. Wie ich sehe, wird es um Ihre Seele bald geschehen sein.
Er schaute wieder zu Stratis.

– Mir scheint, das Problem besteht darin, wie man seinen Tag vor dem Zukünftigen rettet, flüsterte Nikolas.
– Das ist der Niedergang! krächzte Longomanos, als ließe er ein Fallbeil niedersausen.
– Wenn ich mich konzentrieren kann, lese ich auch Aischylos, sagte Stratis.
– Der *Goldesel*, sagte Longomanos voller Widerwillen, und Aischylos; die unzulässigen Vermischungen unserer Epoche.
– Die standen in meiner Bibliothek rein zufällig nebeneinander.
– Darum müssen die Bibliotheken verbrannt werden.
– Ob wir dann besser schreiben würden, fragte Stratis melancholisch.
– Ob wir schreiben würden? Wir würden schreiben! Was muß ich da hören? Die große Aufgabe besteht darin, Gestalten zu schaffen, die prophetisch zukünftig sind.
– Ich kann nicht sehen, daß bei Aischylos solche Gestalten vorkommen.
– Du siehst nicht! Aischylos ist ein Enkelados! ... Ein Koloß! ...
Longomanos blickte um sich wie ein siegreicher Gockel. Sphinx versuchte, ihn mit Worten und Gesten zu beschwichtigen:
– Und doch, sagte sie sinnreich, es gibt noch bedeutendere Persönlichkeiten als Aischylos ... in unserer Nähe ... ganz in unserer Nähe ... nicht wahr Lala?
Die Frage, an Lala gerichtet, erschien Stratis ungeheuerlich. Longomanos war ganz auf sie konzentriert, als wollte er sie magnetisieren.
– Was sagt die unreife Pasiphae?
Lala kratzte an den Fädchen der Stickereien ihres Rucksacks:
– Natürlich kann es bedeutendere geben, die wir nicht kennen, ob ...
– »Und seine Füße gleichwie goldenes Erz«, rezitierte Lon-

gomanos mit donnernder Stimme, sich über die Knie streichend.

Sphinx' Gesicht hellte sich auf, voll Dankbarkeit gegenüber Lala:

– Ob …? fragte sie diese, den Faden ihrer nicht zu Ende gestellten Frage wieder aufnehmend.

– Ob, antwortete Lala; ich wollte sagen … ob jemand sich vorgestellt hätte, daß Louis den Marathonlauf gewinnen würde.

– Kirke, wer gab dir die Erlaubnis zu sprechen, polterte Longomanos.

Die Sphinx erbleichte; die Stimmung wurde immer bedrückender.

– Die Sache mit der Persönlichkeit, meinte Stratis, ist ein großes Problem.

– Ich weiß, sagte Longomanos, bemüht, sich zusammenzureißen. Bedeutend, kräftig, aufmerksam, das ist es!

– Polyphem zum Beispiel, erwiderte Stratis.

Longomanos sprang von seinem Thron auf, baute sich vor Stratis auf, furchteinflößend:

– Polyphem oder Goldesel; das ist es, was du verdienst!

– Zur Zeit, antwortete Stratis, scheint mir, daß ich keiner von beiden bin; daß ich Niemand bin.

Ob er's gehört hatte oder nicht, Longomanos schaute in die Höhe, und mit veränderter Stimme, die aus seinem Innersten kam:

– Komm, Knut, komm, Kirke, komm, kleine Pasiphae … Kommt! Kommt! … Mein Gott ruft uns! … Mein Gott befiehlt! …

Ohne weiter jemanden eines Blickes zu würdigen, schritt er gemessen Richtung Nebenzimmer. Knut folgte ihm als erster. Sphinx ergriff Lalas Hand und zog daran. Lala stand auf, machte zwei Schritte und blieb trotzig stehen.

– Ich bitte dich, redete Sphinx auf sie ein, das ist der große Augenblick, du mußt mitkommen …

Ihre Stimme flehte voller Verzweiflung:
– ... du mußt mitkommen ... nimm dich in acht vor dem Mond ... er nimmt zu, nimmt zu ... hast du nicht gehört? ...
Lala schaute entsetzt:
– Stratis, Nikolas, sagte sie, ich hab's eilig, nach Hause zu kommen.
Mit einem tiefen Seufzer der Resignation ließ Sphinx von ihr ab und folgte den anderen. Die Tür schlug zu. Undeutlich vernahm man Longomanos' aufbrausende Stimme und, fast im gleichen Augenblick, kam Sphinx wieder heraus wie ein Stück Müll, das weggeschmissen wird. Auf der Straße konnte sie nicht mehr an sich halten:
– Lala, heute hast du mich zerstört.
Sie lief die Straße hinunter, ohne sich zu verabschieden.
Die anderen drei gingen langsam zu Lalas Haus, ohne ein Wort. Nikolas sagte beim Abschied zu ihr:
– Wir besaßen einen Panzer, Lala, und wußten es nicht. Sei vorsichtig, du hältst die Zündschnur in der Hand.

ES WAR an einem Freitag nach Sonnenuntergang; Stratis schrieb gerade, als es an seine Tür klopfte. Seit Tagen war es einsam in seinem Haus; er ging zur Tür und öffnete; Sphinx:
– Entschuldige, daß ich dich störe; ich hab Licht gesehen und bin heraufgekommen.
Sie sprach mit Zurückhaltung.
– Du störst nicht, sagte Stratis, ich dachte gerade über dich nach; schon lange her, daß wir uns allein und in Ruhe unterhalten haben.
Sie setzten sich. Sphinx schaute sich um.
– Bücher und Papier, sagte sie in müdem Tonfall.
– Ich bin nicht verantwortlich für die Inneneinrichtung.
– Keiner ist verantwortlich.
Die Melancholie lag auf ihrem Gesicht wie Rauhreif; sie war mit Händen zu greifen.
– Seit jenem Abend, fuhr sie fort, im »Treffpunkt der verrückten Holzfäller« haben wir uns nicht wieder gesprochen.
– Jenem mißglückten Abend, sagte Stratis.
– Wirklich, ich habe dich nie gefragt, ob du zu Lalas Haus gekommen bist.
– Ich wollte lieber nach Athen zurück.
– Schade, du hättest Salome getroffen; sie war auch gekommen, ganz überraschend.
– Schade; das wäre eine Chance gewesen.
– Eine große Chance; und sie wäre noch größer gewesen, wenn du dich verspätet hättest; sie ist die ganze Nacht dort geblieben.
Sphinx sprach nicht weiter; versuchte, die Titel auf den Buchrücken ihr gegenüber zu buchstabieren.
– Ach, ich sehe, du hast auch die *Verlorene Zeit*, sagte sie tonlos, ich habe irgendwann mal versucht, dieses Buch zu übersetzen, es hat mich angeekelt, welch ein Niedergang.

– Ich hätte Interesse, mir deine Arbeit gelegentlich anzusehen, sagte Stratis.
– Ach, es sind nur wenige Seiten, ich hab sie Lala gegeben, die kannst du darum bitten ... vielleicht lest ihr sie auch zusammen.
Stratis erinnerte sich; blieb stumm; und sie plötzlich:
– Aber sag doch, denkst du noch an sie?
– An wen? An Salome? Seit sie verschwunden ist, noch mehr.
Sphinx hielt kurz inne. Dann:
– Jetzt, wo sie Lala zur Unzucht verleitet hat, wirst du dich wohl mit Gedanken an sie begnügen müssen.
– Und Longomanos?
– Sie will ihn nicht; ich sagte es dir bereits; außerdem, du hast es ja selbst gesehen.
– Aber ich hatte den Eindruck, daß du Longomanos verehrt hast.
Sphinx seufzte:
– Ich bete ihn an; doch unsere Beziehung hat das Körperliche überwunden. Der Minotauros steht so hoch oben.
– Und wir bringen ihm die Jungfrauen und Epheben.
– Er muß sich nähren, wenn du so willst.
– Und wie nährst du dich?
– Ich, das ist nicht weiter von Belang, erwiderte sie stoisch; mal mit Kaliklis, mal mit Nondas, mal mit dir.
Sie errötete und berichtigte schnell:
– Du entschuldigst, ich meinte, mit jedem, der grad da ist.
Einer der seltenen Augenblicke, in denen sie Stratis sympathisch war. Er sagte zu ihr:
– Vielleicht auch mit Lala.
– Seltsam; heute erzähl ich dir alles. Ja, ich hätte Lala für den Falken vorbereitet, wenn sie es akzeptiert hätte ...
– Vorgestern habe ich mich ihm gegenüber ungeschickt verhalten; wir müssen nächste Woche nochmal hingehen.
In ihren Augen funkelten Tränen:

– Jetzt ist es zu spät.
– Warum zu spät?
– Weil er mir verboten hat, in seine Nähe zu kommen, wenn Lala nicht vorher um Vergebung bittet.
– Vergebung?
– Ja, bei seinem Gott. Sie hat schwer gefrevelt.
– Arme Sphinx.
Sie blieb eine Weile nachdenklich, und dann aufbrausend:
– Ach, diese Salome könnte mir helfen, wenn sie nicht so schrecklich egozentrisch wäre. Auch du könntest helfen, Stratis ...
Sie wischte sich die Augen. Stratis war völlig durcheinander. Sphinx ordnete ihr Haar. Dabei rutschte der weite Ärmel ihrer Kutte nach unten; und ihre durchtrainierten Muskeln wurden sichtbar.
– Du hast viel Gymnastik gemacht, sagte Stratis zu ihr.
Sie lächelte bitter:
– Ja, du bist ein guter Beobachter; ich hab mir meine Geschmeidigkeit bewahrt. Der Falke nannte mich seinen Jagdhund ...
Sie riß sich zusammen; ihr Rhythmus änderte sich:
– Doch lassen wir das ... Ich wollte mit dir über Lalas Kleid sprechen.
– Ach, ja, ich erinnere mich.
– Das ist jetzt mein einziger Trost; ich hab es liebgewonnen ... ich gestaltete es, wie ich wollte; ich sang und ergründete es; mit meinem Geist und Herzen; mittags und mitternachts ...
Stratis rätselte, ob Sphinx träumte.
– Der Körper, der es tragen wird, wird auch dessen Willen tragen.
– Wessen Willen, fragte Stratis.
Ihr Blick verlor sich. So verharrte sie einige Zeit, bis sie Antwort gab. Sie erhob sich:
– Ich bin gekommen, dich um einen großen Gefallen zu bitten.

Stratis tappte im Dunkeln.
– Die Akropolis ist für alle zu Ende; für mich nicht. Ich muß noch einmal hingehen – ich *muß*. Nächsten Mittwoch werde ich mit Lala dort sein. Ich würde dich bitten, auch zu kommen.
– Ich werde es versuchen, sagte Stratis.
– Ich bitte dich. Lala wird zum ersten Mal das Kleid anziehen, das ich für sie gemacht habe. Laß uns nicht allein.
Stratis blätterte im Kalender auf dem Tisch.
– Siehst du, ich schreib's mir auf, sagte er zu ihr.
Er riß das Blatt heraus und steckte es in die Tasche.
– Gute Nacht, ich danke dir, sagte Sphinx.

STRATIS:

Sonnabend, spät in der Nacht

Ich bin gerade hereingekommen. Ich kenne das morgendliche Erwachen und den alltäglichen Anstieg. Die Straßen waren ruhig; das Denken leicht; die Seele mit all ihren Fenstern offen. Die Verzweiflung des Lebens, Gefühle, dazu verurteilt zu erlöschen, die Armseligkeit des Menschen, der unabwendbare Tod – verkehrten zwischen den Öffnungen und behelligten mich nicht. Ich bin in meinem Zimmer. Die Feder schleppt sich über das Papier; meine Buchstaben, die sich aufreihen, bescheren mir eine gegenständliche Zufriedenheit. Ich rauche. Ich finde es richtig, daß wir gehen, wohin wir gehen, und daß trotzdem – trotz Wahnvorstellungen und Betrügereien – der Mensch die alleinige Wahrheit darstellt. Ich schreibe ohne Zweck; wenn ich die Feder beiseite lege, um nachzudenken, fürchte ich, daß der Gedanke den Zauber zerstört. In meinen Ohren rauscht es; ich denke, es ist das Brausen der Zeit, die vergeht. Den Hafen kenne ich nicht. Er wird mir willkommen sein, wo immer er ist. Zum ersten Mal, daß ich in diesem Zimmer das Gefühl der Unterbrechung, der Abwesenheit verspüre, das den Menschen weit draußen auf dem Lande vertraut ist. Ich möchte jemandem danken für die Offerte des Seelenfriedens.

Montag

GESTERN
Große Flamme.
Die ganze Nacht.
Freude. Freude im Feuer.
Panik.
Auf der ganzen Erde in allen Gewässern im Himmel.
Tanz. Tanz. Riß.
Abschaffung des Ich.
Das Eine.
Das Aufnehmen. Seelenfrieden.

Dienstag

Bilio fuhr heute um fünf Uhr nachmittags auf ihre Insel. Am fünfzehnten August will ich sie aufsuchen. Ich glaube, mich dann für einen Monat frei machen zu können. Wir werden gemeinsam zurückkehren. Ich hab sie in Piräus nicht zum Schiff begleitet; sie wollte es nicht; sie kann Abschiednehmen und Begrüßungen nicht ertragen.

Mittwoch abend

Aber der Geschmack der kleinen Einsamkeit bringt die Anwesenheit der großen mit sich; am Nachmittag hielt ich es nicht länger aus, ich fuhr nach Piräus. Schlenderte auf den Kais hin und her, durch gesichtslose Straßen, dann wieder auf der Mole. Gerüche von Reisen und schreckliche Hitze. Das starke Mondlicht ein dichter Nebel zwischen den Wanten, das schmutzige Meer. Grüne und rote Lichter auf See. Bilios Schiff müßte inzwischen eingelaufen sein; vielleicht schläft sie jetzt. Ich erwarte keine Post von ihr; auch das Briefeschreiben ist ihr zuwider.

Ich fuhr mit der Elektrischen zurück. Mir gegenüber, im tristen Licht des Waggons, eine Alte mit einem kupfernen Horn am Ohr. Sie fragte ununterbrochen und beharrlich ihre kleine Dienerin, die ihre Antworten in diesen Trichter schmiß, der verbeult war wie eine alte Kasserolle.

In jenem Hotel in Paris wohnte nebenan eine taube Frau; ich bekam sie nie zu Gesicht. Jeden Nachmittag kreuzte ihr Schwiegersohn auf und beschimpfte sie lauthals. Ich glaube, daß ich mein Appartement gewechselt habe, weil ich nicht ein einziges Mal hörte, daß ihre Stimme Antwort gab …

*

Stratis legte die Feder beiseite und begann, seine Taschen auszuleeren. Neben den Schlüsseln fand sich auch ein zerknülltes Stück Papier. Er strich es glatt; las: »Mittwoch, 1. August, Tag der 7 Kinder. Vollmond«, und in seiner Handschrift: »Sphinx,

Lala«. Stratis zog sein Jackett über, lief eilig hinaus und klopfte an Sphinx' Tür.
Auf dem Tisch Imbißreste, Eisstückchen und eine Flasche Cognac.
– Du bist unmöglich, sagte Sphinx nervös zu ihm. Hast uns hier drin warten lassen bis jetzt, bei so einer Hitze.
– Tut mir leid, sagte Stratis, ich konnte nicht früher.
Lala saß am andern Ende des Tisches.
– Macht nichts, sagte sie.
Sphinx' Gesicht wurde friedlich:
– Da mein Schwesterlein es sagt, macht's nichts.
Mit dem Wort »Schwesterlein« kam Stratis der Nachklang von Worten in den Sinn, die er im Juni in Lalas Garten vernommen hatte. Er betrachtete sie; ihre Gestalt schien unangetastet von der bedrückenden Atmosphäre im Zimmer.
– Trink auf ihr Wohl, sagte Sphinx, heute feiern wir ihr neues Kleid.
Sie ging zu Lala und zog an deren Hand. Lala stand widerstrebend auf.
– Sieh sie dir an!
Mit flinken Fingern zupfte sie es zurecht. Ein safrangelbes Kleid, in der Taille eng anliegend, das in mehreren Stufen bis auf die Knöcheln fiel; es formte den Rumpf reliefartig und endete an den Schultern mit einem verschlungenen Knoten, dünn wie ein Faden. Die Arme waren bloß. Oberhalb des rechten Ellenbogens ein breiter Armreif mit roten Steinen.
– Schön! Hals- und Beinbruch, sagte Stratis, und leerte sein Glas.
Sphinx schenkte sofort nach.
– Hals- und Beinbruch, meinte sie, wir werden dreimal auf die Gesundheit meines Schwesterleins anstoßen.
Sie tranken. Sphinx wurde immer euphorischer:
– Du mußt mir gratulieren, sagte sie zu Stratis. Siehst du, wie es die Kurven nachzeichnet. Nicht nur die schöne Brust, sondern auch die Schenkel. Sieh! Sieh, wie sanft es anliegt. Man

denkt, daß, wenn sie einatmet, ihre ganze Nacktheit zu erkennen ist; ein göttliches Geschenk!
Lalas Gesicht verfinsterte sich; Sphinx stotterte.
– Ihr müßt aber viel getrunken haben, sagte Stratis zu ihr.
– Ja, antwortete Sphinx, mehrmals kurz auflachend, wir haben getrunken und uns über die Enthaltsamkeit unterhalten.
– Wessen Enthaltsamkeit? fragte Stratis.
– Es ist spät, ich muß gehen, sagte Lala.
Sphinx fuhr auf:
– Gehen? Wohin?
– Ich brauch doch lange bis nach Kifissia.
Sphinx leerte ein weiteres Glas. »Und ich dachte, diese Frau trinkt gar nicht«, ging es Stratis durch den Kopf.
– So ist das, wenn sich jemand mit Idioten abgibt. Der Abend ist gelaufen.
Sagte Sphinx und setzte sich hin, rhythmisch den Kopf wiegend:
– Lala, Lala, Lala! Wie kannst du mir das antun? Dieses Kleid hab ich liebgewonnen. Tagelang stellte ich es mir vor zwischen den hohen Säulen, im Mondlicht – und nun ...
– Ich wollte dich nicht kränken, sagte Lala, ich glaube, daß dir nach all dem, worüber wir gesprochen haben, klar ist, daß ich zu nichts nutze bin.
– Schade, daß ich mich verspätet habe, warf Stratis ein.
– Wir sprachen über meine Enthaltsamkeit, sagte Lala ernsthaft.
Sphinx, als wollte sie die andere am Weiterreden hindern:
– Lala! Lala! sagte sie wieder.
– Hör auf mit diesen Anrufungen, sagte Stratis zu ihr, du erinnerst mich an einen Hodscha oben im Minarett.
Lala lachte.
– Gut gesagt, meinte Sphinx, da mein Schwesterlein darüber lacht.
– Gehen wir, befahl Stratis, bevor die Akropolis schließt.

– Einen Augenblick, ich will noch meine Sachen holen, sagte Lala.
Kaum war Lala aus dem Zimmer, ließ Sphinx ihre Hände auf Stratis' Schultern niedersausen.
– Hör zu, sagte sie hastig, sie ist soweit, dir in die Arme zu fallen; ich weiß es. Nimm sie jetzt, hier. Wegen mir mach dir keine Sorgen, ich geh ins Nebenzimmer. Ein Wink von dir, und das Kleid wird fallen ... wird fallen, sag ich dir ... nimm sie, nimm sie.
Stratis schaute sie an, verzweifelt nach einem Ausweg suchend.
– Ich würde dich bevorzugen, sagte er zu ihr.
– Mich?
– Ja, wenn du dafür dieses unglückliche Mädchen in Ruhe läßt.
Sie biß sich auf die Lippen, als hätte man sie geschlagen. Ihr Blick irrte wie verloren umher und blieb an der Flasche hängen. Sie füllte das Glas, leerte es und rief:
– Schwesterlein, Schwesterlein, gehen wir; die Akropolis wird schließen.
Sie bewegte sich Richtung Tür, riß sie auf und ging hinaus, ohne auf die anderen zu warten.

*

Es hatte elf geschlagen, als sie sich auf der Südseite des Parthenon hinsetzten.
– Uff, sagte Sphinx, wir haben das Kleid hinaufgeschleppt; jetzt wollen wir mal sehen, wie wir es wieder hinunterschaffen.
Sie war noch außer Atem. Lala saß in der Mitte; Stratis schaute sie an in dieser lieblichen Nacht; ihre Augen leuchteten, ihr schweres Haar war mattes Gold. Eine andere Schöpfung aus sanften Flügeln und kühlem Leinen nahm ihn ein. Er ließ sich gehen. »Hier brennt nichts, trennt nichts«, kam ihm in den Sinn. Er schloß die Augen; er spürte, wie seine Hand ihren

Armreifen streichelte; Lala rührte sich nicht. »Hier sind das und jenes dasselbe«, sann er weiter, »es gibt keinen Widerstand, keinen Kampf, nur Akzeptanz; wir sind nichts ...« Ihm war, als läge er in einem tiefen Bett, als könnte die Wollust etwas sein, wie wenn ein Kind gewiegt wird – etwas sehr Leichtes und Gleichgültiges.

– Laaa ... la, ließ Sphinx verlauten; er hatte sie ganz vergessen.

– Laaa ... la, Laaa ... la, Laaa ... la ... wie singt der Hodscha im Minarett?

Stratis öffnete die Augen. Hoch oben der helle Diskus kreisrund, marmoriert. Sphinx' Stimme klang wie die eines Nachtvogels, ihr Blick auf den Mond gerichtet; sie verstummte; ihre schmalen Lippen regten sich wieder lautlos.

– Da, Kains Gesicht, krächzte sie schließlich und brach in schepperndes Gelächter aus.

Stratis merkte, wie er die Geduld verlor; das Lachen brach ab:

– Stratis, du bist heute nicht sehr gesprächig, du hast dich verloren, wo bist du?

– Ich bin nirgendwo, antwortete er.

– Wenn du Gefühle hättest, wärst du hier. Sieh dir mein Schwesterlein an, sieh es dir an ... schau, wie ihr Kleid fällt ...

Lala machte eine plötzliche Bewegung, um aufzustehen.

– Gehen wir, sagte sie, ich kann nicht mehr.

Sphinx packte sie am Arm und zog sie wieder nach unten.

– Schwesterlein, dieser Mond ermüdet dich ... dieser Augustmond ...

Sie sprach das Wort »August« aus, erinnerte sich Stratis, wie Longomanos, als er über den *Goldesel* sprach.

– ... Der furchtbare Mond! ... je länger man mit ihm kämpft, desto stachliger wird er ..., murmelte Sphinx wie benebelt, während sie nervös Lalas Finger knetete.

Sie hielt sie Stratis entgegen:

– Sieh dir diese Finger an, sind das Finger zum Strümpfestopfen? ...
Sphinx verstummte, wiegte den Kopf, wie es Klageweiber tun, und als wäre in ihrem Innern ein Damm gebrochen, begann sie eine weinerliche Rhapsodie:
– ... Sind das Finger für den Spinnrocken? ... die zu sehen ich mich sehne Tag und Nacht, und gelöst die Haare bis zu den Knien auf der rosigen Haut ... und sie anzubeten und sie ... zu vergöttern und ihnen alle Blumen vom Berg darzubringen und alle heilsamen Kräuter der ... Heide: den Thymian und die ... Distel, die Korbweide und das Immergrün, den Salbei und den Knöterich, die der stattliche Bock bespringt, die der junge blutrote Stier ... bespringt, ja ... und ... daß die Mädchen kommen und jeweils eine Karte ziehen, die ihr Schicksal prophezeit, und die sich dann aus ... nackt im Spiegel betrachten, und ich neble es ein mit dem Rauch von Gewürznelken, damit keiner mein Schwesterlein verhext, das ein Ziegenfell, ein Kuhfell auf dem Leib trägt, daß keiner es bespringt ... mein ... Schwesterlein, mit diesen Fingern ... zwei dicke Schlangen quetschend, die dessen aufgerichtete Brüste suchen zu ... zu ...
Sie schrie auf und ließ Lalas Hand fallen, als wäre sie leblos. Lala verharrte, ohne sich zu rühren, im grünen Licht. Sphinx' Augen waren glasig, ihre Lippen quälten sich, unerhörte Wörter zu bilden. Dann, als hätte man ihr mit dem Hammer einen Schlag in den Nacken versetzt, schleuderte sie den Kopf herum, packte Lala bei den Schultern, wie jemand, der am Ertrinken ist, und riß ihr das Kleid bis zur Taille herunter.
Die Rehzwillinge sprangen und netzten sich an den Quellen des Mondes. Stratis fühlte den Wind des Irrsinns an seiner Stirn. Er erhob sich, griff Sphinx grob am Arm und zerrte sie den Abhang hinunter, ohne auch nur einen weiteren Blick hinter sich zu werfen.
Unten, vor der mächtigen Eingangshalle, machte sie sich mit einer zornigen Geste frei und stolperte davon, einen Platz auf einem Felsen zu suchen. Stratis überließ sie sich selbst und hielt

nach einem Wagen Ausschau. Es war keiner zu sehen. Mit der Zeit wurden es immer mehr Bilder, die ihn bedrängten – nicht jene, die er heute gesehen hatte; Bilder aus Kifissia von vor anderthalb Monaten; Salome und Lala am hell erleuchteten Fenster. Er fühlte sich ungeschützt, er hatte Durst; auch Salome hatte damals gerufen »Mich dürstet.« – »Damals«, ging es ihm durch den Kopf, »warum habe ich damals gewartet ... was, wenn ich mich ihnen gezeigt hätte? ...« Er sah seinen Arm sich um Lala legen, um jene Taille; »... Salome hätte das als sehr natürlich empfunden, und ich wäre verschont geblieben von den geschmacklosen Szenen heute ... Salome ... Und Bilio? ...« Das Licht jenes ersten gemeinsamen Mittags war ihm ins Hirn gedrungen und hatte ihn, verwundet, den zarten Empfindungen der Nacht ausgesetzt.

Jemand hakte sich bei ihm ein.

– Entschuldigen Sie, mein Herr, wie Sie sehen, hinke ich und bin gestrauchelt, hörte er ihn sagen.

Er trat einen Schritt zurück und sah sich den Mann an:

– Guten Abend, diplomierter Fremdenführer, du hast mir nie deinen Namen gesagt.

Der Fremdenführer versuchte sich zu erinnern:

– Ach! Der zerstreute Herr. Ich heiße Dorotheos Tamides; früher war ich ein schmucker Bursche.

Die Falten in seinem Gesicht wirkten bei dieser Beleuchtung unerträglich tief.

– Weißt du, ich würde mir gern mal die Leuchter ansehen, sagte Stratis zu ihm.

Das Gesicht des anderen nahm einen gequälten Ausdruck an:

– Die Leuchter, antwortete er, sind nach Amerika. Sehen Sie, unser Kapital wandert in die Fremde aus ... aber ich – vorzügliche Fotos. Kommen Sie.

– Und Modelle in natura? fragte Stratis.

Tamides hörte ihm mit demselben gequälten Ausdruck zu:

– Alle sind am Wasser; die Saison, wissen Sie ...

Er schaute sich um, als hätte er etwas verloren, dann sah er zu den zwei Frauen, die bei den Felsen warteten. Seine Augen blitzten listig auf:
– ... Aber bei uns weilt noch die sapphische Jungfrau, von erstaunlicher Schönheit, doch leider ohne Gespielin ... für den Fall, daß eine der Damen den Wunsch hegt, die Grenze des Erlaubten zu überschreiten?
– Wir folgen dir, sagte Stratis, ich hoffe, die Jungfrau ist auf der Höhe.
– Außerordentlich erfahren, absolut diskret und von bester Erziehung.
Es war, als hätte er die Kleinanzeigen der Zeitung *Estia* auswendig gelernt.
– Ich will ein Zimmer.
Der Mann kratzte sich skeptisch am Kopf:
– Eine Jungfrau mit anderen Leuten im Bett, das wird schwierig, sie ist schüchtern.
– Du hast mich überzeugt.
– Eine kleine Anhebung der Entschädigungssumme wäre überzeugender.
Stratis drehte sich um.
– Es ist kein Wagen zu kriegen, sagte er; dieser Mann hier hat einen kleinen Laden, laßt uns kurz hingehen.
Lala sah zu Boden.
– Ja, zum kleinen Laden, sagte Sphinx, als würde sie sich an nichts erinnern. Wir sollten die ganze Nacht zusammenbleiben.
Sie versuchte, auf die Beine zu kommen, mußte sich aber wieder setzen. Stratis half ihr auf. Sie schleppte sich dahin, an seinem Arm festgeklammert. Nach einigen Schritten hakte sie sich auch bei Lala unter:
– Komm, mein goldenes Schaf ... komm, mein goldener Falter ... ich tu alles für dein Wohl. Stufe um Stufe werde ich dich hinaufgeleiten zum Gipfel der Wollust.
Tamides schaute sich um:

– Wunderschöne Formulierungen. Die Dame ist wohl eine Freundin der Literatur. Kunst und Wollust gehen immer zusammen!
Stratis war, als habe er eine Kandare im Mund, die ihn peinigte. Er beschleunigte seinen Schritt. Durch Tamides' Tor kam man in einen kleinen Garten mit Rebendach. Er schaltete das Licht an.
– Bitte, hier lang, sagte er zu ihnen.
Stratis betrachtete Lalas Gesicht; es war hellweiß, als hätte sich das Mondlicht nicht von ihm gelöst. Sphinx gestikulierte, ohne es zu merken; ihr Haar, zerwühlt, verlieh ihr ein komisches Aussehen.
– Treten Sie ein, forderte Tamides nochmals auf.
Er öffnete eine zweite Tür und führte sie in ein Zimmer mit niedriger Decke. An den Wänden zwei große Fotos von Trikupis und Delijannis, wie in alten Kaffeehäusern. In einer Ecke ein eisernes Bett, ihm gegenüber ein uraltes Sofa, in der Mitte ein kleiner Tavernentisch; das war das gesamte Mobiliar. Durch das geöffnete Fenster sah man ganz Athen erleuchtet bis hinunter zum Parnithagebirge.
Sphinx lief schnurstracks auf das Bett zu und setzte sich darauf. Sie öffnete ihre Kutte. Ein tiefroter Unterrock kam zum Vorschein, dieselbe Farbe wie die ihres Gesichts.
Tamides trat ans Sofa und streichelte es:
– Das Sofa ist das Beste. Was das alles gesehen hat.
Stratis und Lala setzten sich darauf.
– Was trinkt ihr? fragte Tamides.
– Cognac, antwortete Stratis.
Tamides verschwand und tauchte mit einem Tablett wieder auf. Er stellte es auf das Tischchen, ging abermals zur Tür und zog eine hochaufgeschossene Frau mit länglich schmalem Gesicht, eilig zurechtgemacht, herein. »Sieh da! Hierhin hat es Kula verschlagen«, sagte sich Stratis. Sie trug dieselbe grüne Robe, nur daß diese jetzt weiter zu sein schien.
– Das ist Fräulein Chloé, sagte Tamides.

Mit den Handgriffen eines Schneiders ordnete er ihre Robe und versuchte möglichst geschickt, ihr den Rüschenkragen zu öffnen. Ihre Brüste kamen zum Vorschein, diesmal noch weiter herunterhängend. Er trat zwei Schritte zurück, himmelte sie an und rezitierte:

– *alle sfacciate donne fiorentine*
l' andar mostrando con le poppe il petto.

Das ist aus der *Göttlichen Komödie*, fügte er hinzu, die Dame, die literarisiert, wird mich verstehen.
Sphinx blickte aus einer tiefen Mattheit. Kula gähnte.
– Meine Chloé, sagte Tamides zu ihr, es lohnte die Mühe, dich zu wecken. Heute sind zwei sehr liebenswürdige Damen zu uns gekommen. Biete ihnen etwas an und genier dich nicht.
Tamides verschwand. Kula füllte träge die Gläschen. Sie hielt Sphinx eins vor die Nase, das diese sofort leerte. Dann ging sie zu Lala und reichte ihr das Tablett; Lala rührte sich nicht.
– Nachher, sagte Stratis zu ihr.
Kula stellte das Tablett beiseite, trank das Glas selbst aus, trat wieder zu Lala und musterte sie:
– Welche ist die Dame, die es nach mir verlangt?
Ihre Stimme war wie ein Lumpen. Auf der anderen Seite des Zimmers hatte Sphinx sich aufs Bett gelegt und murmelte:
– Die Salome ... hat meinem Schwesterlein gefallen, die Salome ... und jetzt will es nichts anderes mehr ... aber mein Schwesterlein muß wissen, daß ich sie, wenn sie nicht auf mich hört, sehr durstig machen werde, sehr ... und auf Knien wird sie mich anflehen, daß ich sie besprenge ...
Lala atmete hörbar. Eine rosarote Wolke glitt über ihre Stirn. Kula löste ihren Gürtel und bot ihr erniedrigtes Fleisch dar; ein fast totes, weißes.
– Du, scheint mir, sagte sie zu Lala.
Sie berührte Lalas Gesicht; ihre Geste war feindselig:
– Mein Goldkind, so knusprig, und ihm gefallen die Mädchen.

Lala biß sich schmerzhaft auf die Lippen.
– ... und das arme Kind ist schüchtern, schüchtern und verrucht.
Kulas Hand rutschte auf ihre Schulter, krallte sich hinein wie ein Greif. Auf Lalas Schläfen traten dicke Schweißperlen; ihre Augen wurden größer, blind. Sie sammelte alle ihr noch verbliebenen Kräfte, nahm Kulas Hand von der Schulter und schrie entsetzt:
– Die da!
– Ja, die da, sagte Stratis.
Kula reagierte mechanisch. Sie drehte sich um und betrachtete Sphinx mit ruhiger Ergebenheit. Plötzlich griff sie nach der Flasche, trank, soviel sie konnte, ging zum Bett und umschlang Sphinx' Knie.
Diese lallte:
– Ich danke dir, Lala ... ich danke dir ... Ach, so ... pssss ... wir sagen's nicht weiter ... ich bring dir alles bei, und dann gehen wir zu Minotauros ...
– Sie ist betrunken, sagte Stratis.
– Ich weiß mit solchen umzugehen, rief Kula und stürzte sich wie ein Rabe auf Sphinx.
Stratis stand auf und nahm Lala bei der Hand. Draußen, unter dem Rebendach, hatte sich Tamides ein kühles Plätzchen gesucht.
– Ich sehe, ihr seid in Eile, aber eure Freundin läßt sich Zeit. Sie ist eine Kennerin, das hab ich gleich bemerkt, sowohl der Dichtung als auch der Liebeskunst.
Er zählte das Geld:
– Gute Nacht, ich seh schon, ihr werdet wiederkommen.
Ein Grinsen zog sein Gesicht in die Breite:
– Ich meine, zur Akropolis.
Sprach's und schloß hinter ihnen das schmiedeeiserne Tor.

*

Weiter unten, am Ende der Gasse, bekamen sie einen Wagen. Der Chauffeur rauchte während der Fahrt. Lala betrachtete die geschlossene Kiste, in der sie saßen:
– Wohin fahren wir?
– Ich weiß nicht, antwortete Stratis.
– Also, allein kann ich heute nicht bleiben, auf keinen Fall. Da gehe ich lieber in diese Hölle da zurück.
Der Chauffeur warf die Zigarette aus dem Fenster:
– Wohin fahren wir?
– Nach Kifissia, nach Kefalari, sagte Stratis zu ihm.
Er lehnte sich im Sitz zurück, und mehr zu sich selbst:
– Außerdem ist jetzt sowieso alles ohne Bedeutung.
– Die Bedeutung zeigt sich viel später, flüsterte Lala, zusammengesunken in der anderen Ecke.
Als sie Halandri erreicht hatten, schlug der Wind um; Stratis rappelte sich auf. Lala mit geschlossenen Augen schien wie narkotisiert. Er wollte sie ansprechen, wagte es nicht; ließ sich gegen die Lehne fallen. Im Takt des Motors drehte sich vor seinem inneren Auge Tamides' ärmliches Zimmer, dessen triste Beleuchtung vermischte sich mit der Milch der Nacht, die sich auf den Marmor und Lalas dürstende Brüste ergoß – und die Sphinx voller Muttermale wie Oliven im Faß, und jener Vogel, der sie anpickt, und er selbst rettungslos verfangen im Netz der Erniedrigung. Er versuchte zum letzten Mal, sich an Bilio anzuklammern. Sie sah ihn an, aus der Ferne, aus einem ruhigen Tag, aus einer anderen Welt, die ihn zurückwies ... Er wachte auf, als der Wagen hielt. Half Lala beim Aussteigen. Hakte sie unter, und so liefen sie den dunklen Pfad hinunter. Sie traten vorsichtig auf, als wären sie beide gebrechlich. Ein, zwei Male wurde sie schwerer, was ihm zeigte, daß sie mehr Halt bei ihm suchte, und dann, wie sie sich zusammenriß, um nicht zu stürzen.
Im Vorgärtchen stand nah dem Haus ein Sessel mit Strohpolster. Zu diesem ging Lala und ließ sich hineinfallen. Stratis sah um sich. Das Licht der Nacht überzog die geschlossenen Fen-

sterläden, fiel auf den Nußbaum und die Lorbeerbüsche und verlor sich in der Ferne, wo es die Zikaden zermahlten, einen Duft von frischem Heu verströmend. Lala saß da, die Hände auf den Knien, ihr Blick ins Weite gerichtet, versteinert. Stratis setzte sich vor ihr auf den Boden. Er wollte sie zwei-, dreimal ansprechen; fand nicht die Worte; fühlte sich vollkommen fremd. Schließlich flüsterte er:
– Wie seltsam, auf der Akropolis sind keine Bäume, keine Früchte; nur Marmor und menschliche Körper.
Nach einem langen Augenblick hörte er Lalas Stimme:
– Du hast doch diese Hölle fabriziert.
– Ich hab's nicht gewollt, sagte er zu ihr, ohne sie anzusehen, es war für mich unerträglich geworden; ich mußte irgendwie entkommen.
Er verstummte, und sein Blick schweifte über das Angesicht des verschlossenen Hauses, das Fenster, das an jenem Abend gefüllt war mit grellem Licht. Mittels seiner Vorstellungskraft versuchte er, es zu öffnen, wie eine Truhe voll schmerzlicher Erinnerungsstücke.
– Dann, sagte er weiter zu ihr, sind da noch so viele Dinge, die ich dir erklären müßte.
Ihr Kleid war eins geworden mit dem Licht und glitt mit diesem über ihren Körper, ihn leckend. Der Rumpf schien bereits entblößt. Zwischen ihren Knien ein Katarakt aus Mond und Leinen, und dann die kühlen Gehwegplatten. Die Achtung, die er damals empfunden hatte, als Lala sich an den Nußbaum lehnte, wurde wieder in ihm wach und peinigte ihn bis auf die Seele. Sie war der Gegner, und er rang mit ihr; einer Peinigerin. Sie war stärker; zwang ihn in die Knie; noch ein wenig, und er würde sich nie wieder aufrichten können. Über den Schaumkronen seines Hirns erschien jenes kupferne Horn der tauben Alten, die er in der Trambahn gesehen hatte. Es schimmerte mit traurigem Glanz, ging auf wie Hefeteig und nahm die Gestalt des Trichters von Vizaniaris an, als er die aus Brettern gezimmerte Treppe hinunterlief. Ging noch mehr auf; jetzt

war es ein großer Strudel, im Begriff, ihn zu verschlingen.
– Weißt du, sagte er, ich war hier in diesem Garten an jenem Abend, als du Salome einen Pfirsich angeboten hast.
Erst da senkte Lala den Blick und sah ihn an.
– Wann? fragte sie ihn.
Ihr Rumpf wurde immer stärker, breitbrüstig. Wie kompakt er war. Stratis schickte sich an, Lala zu berühren. »Und wenn sie nicht so ist wie wir?« fragte er sich. Seine Hände blieben in der Luft stehen. Er betrachtete deren Innenflächen; leer. Und dieser schwere Rumpf – hatte Salome sich nicht so ausgedrückt?
– Wann? fragte Lala wieder.
– »Ich will, daß du begreifst, daß du nackt bist ...«, erinnerst du dich? ...
Er hielt inne, als stünde er plötzlich vor einem Abgrund; er schloß die Augen, ihn schwindelte:
– ... Dann, glaubte ich, du wärest aus dem Haus und dahin gekommen, flüsterte er. Ich vermochte deinen Atem nicht von dem des Laubs zu unterscheiden; ich empfand dich als so unberührt von alledem – ich wollte ...

Der Strudel drehte sich jetzt in immer engeren Kreisen. »Warum sagte ich, *ich glaubte*«, fragte er sich in schneller werdendem Rhythmus. Gleich einer Statue, die zum Leben erwacht, stand Lala auf und stellte sich unter den Nußbaum. Stratis folgte ihr; sie sagte:
– Ich habe mir gedacht, daß du hier warst. So ist alles gekommen, wie unser Schicksal es gewollt hat.
– Aber wer bist du?
– Ich bin die Frau, die Salome dir angeboten hat. Vielleicht bin ich der Baum, den du suchst.
Der Nußbaum breitete sein Dach über sie mit der ganzen Kühle der Nacht. »Wer weiß, am Ende einer jeden Sehnsucht gibt es vielleicht eine Lala« – sagte sie nicht so?
Heftig flackernd traten ihm die Poren des Marmorgesteins und ihre in der Sonne entflammte Haut vor Augen.

– An jenem Abend, sagte Lala noch, begriff ich, wie sehr sie dich liebt.
Ihre Hand fiel mit Wucht auf ihren Bauch, ballte sich dabei zur Faust.
Stratis legte seine Arme um ihre Taille mit der Verzweiflung eines Gejagten. Der hohe Mast bog sich und schleuderte ihn zurück. Wie man ein abgestecktes Feld ausmißt, musterte sie den Schatten des Baums. Sie atmete und zitterte wie eine junge Zypresse:
– Sie haben uns entblößt, wild gemacht und dann hier eingesperrt; und noch immer stacheln sie uns an – sieh meine Brüste …
Sie hatte die Stimme des Windes:
– … An dieser Stelle geht's nicht mehr weiter; uns ist nichts geblieben … jetzt wirst du wirklich mit *ihr* kämpfen, und wer durchhält …

Sie sahen sich an, maßen sich und fielen übereinander her.

Sechste Nacht

STRATIS:

Montag

Übermorgen fahr ich zu Bilio. Der einzige Mensch, von dem ich mich zu verabschieden wünschte, Nikolas. Heute abend aßen wir zusammen in Kalamaki; er war nicht bei guter Laune: Finanzielle Probleme? Andere Sorgen? – Er spricht nicht so einfach darüber.

Auf dem Rückweg gingen wir bis zum Eden. Hitze, und das Meer ruhig. Schiffe, bestickt mit all ihren Lichtern, glitten an den Rand des Horizonts und verschwanden.

– Das Ungerechte besteht nicht darin, daß das Leben so ist, wie es ist, sondern darin, daß es so sein *muß*, wie es ist, sagte er zu mir.

Ich antwortete nicht; er lachte:

– Mir scheint, ich habe sehr oft *ist* gesagt.

Und gleich darauf:

– Hast du jemals in deinem Leben ein Schiff sinken sehen?

– Nein.

– Ich auch nicht. Aber ich habe vor kurzem eine Geschichte gehört. Der Mensch, der sie erzählte, hat einen kühlen Verstand, ist ein Mann der Tat; ohne Gefühlsduselei oder emotionale Schwankungen; ausgeglichen, so wie *man* es mag.

Er lachte wieder und fuhr fort:

– »Ich kehrte aus Südamerika zurück«, erzählte er uns, »mit einem Frachter der Firma. Spät in der Nacht weckte mich ein ungewöhnlicher Lärm. Ich zog mich schnell an und ging hinauf auf die Brücke. Der erste Kapitän war dort. Er sagte mir, daß er einen SOS-Ruf von einem Passagierschiff empfangen habe und daß wir dorthin unterwegs seien. Ich zog mich in eine Ecke zurück, damit er in Ruhe arbeiten konnte. Der Morgen graute. Über dem Meer dichter Nebel und absolute Stille. Nach kurzer Zeit erblickte ich fast schon unter unserem Bug die Lichter eines großen Schiffes, trüb im Dunst, die dessen Umrisse markierten, in ungewöhnlicher Lage. In diesem Moment kreiste uns ein gewaltiger Aufschrei von menschlichen Stimmen ein; als würde gnadenlos auf ein Rudel Hunde eingedroschen werden. Ein noch verschlafener Matrose murmelte im Vorbeigehen: »So eine Windstille, und daß sie so schreien ... Wäre ich das Meer, käme mir das seltsam vor ... Dieses Flittchen!« Unser Schiff war als einziges noch rechtzeitig gekommen. Wir retteten zwei Boote mit je vierzig Seelen; alle anderen ertranken.«

Der Bus wartete an der Haltestelle, leer.

– Laß uns zum Überseedampfer fahren, sagte Nikolas traurig.

Und bevor wir uns aufmachten:

– Das ist das Furchtbare, flüsterte er, diese Stille um uns herum, und diese Stimmen, kurz davor, loszubrüllen, wie von Menschen, die ertrinken.

Ich wußte nicht, was er dachte; wollte ihn nicht fragen.

Ich begleitete ihn bis nach Hause. Wir sagten kein Wort mehr. Seine Verbitterung hatte mich berührt. Ich hielt seine Hand fest, als ich ihm gute Nacht wünschte.

Er lachte wieder und sagte:

– Wäre ich das Meer, käme mir das seltsam vor ... Eh! ... Gute Nacht! Gute Reise, Stratis.

Mittwoch, Fest der Gottesmutter. (Auf hoher See)

Wir fuhren 6 Uhr nachmittags los. Stille. Trotzdem schwankt das Schiff. Sie sagen, es hat kein Frachtgut an Bord, sie haben alles verkauft. Ebenso haben sie wahrscheinlich die Sessel im Speisesaal verkauft und durch einfache Kaffeehausstühle ersetzt.

Ich hab natürlich, wie gewöhnlich, das Schiff gewählt, das am längsten braucht; es ist eine sogenannte unergiebige Route.

Ich schaue zur Küste hinüber. Je dunkler es wird, desto mehr verliert das Meer an Farbe: himmelblau. Neben mir unterhalten sich zwei. Der eine, ein blöder Typ, schief aufgesetzter Strohhut, tief ins Gesicht gezogen, graue Haare, grauer Schnurrbart à la americaine. Der andere, ein junger Bursche, nett, mit höflichen Umgangsformen, hält französische Zeitschriften in der Hand. Er hat Schwierigkeiten, sich griechisch auszudrücken.

– Sprichst du Französisch?

– Gezwungenermaßen; nicht aus snobisme. Die Sprache spricht und schreibt sich einfacher.

(Sie lesen in der Zeitschrift; der Junge erklärt »La page d'amour«).

– Gibt es schöne Frauen in Ägypten?

– ... alles Buhlerei ...

– Was sagst du da?

– ... schöne Landschaften ... du siehst den Nil, ganz silbern; nirgendwo die ägyptische Landschaft.

– Was sagst du da? Besser als das hier?

– ...

– Gibt es Gebirge?

– Nein.

– Hat es diese Frische?

– Ja, aber auch eine irrsinnige Feuchtigkeit ... Du setzt dich hin und stehst naß wieder auf.

– Also?

Ich habe die *Odyssee* bei mir; ich lese:

> *Von den Gliedern fielen die Borsten, die das von Kirke*
> *meinen Gefährten gebotene giftige Mischgetränk hatte*
> *aufstarren lassen. Jetzt wurden sie Männer, jünger als*
> *vorher,*
> *wirkten auch stattlicher noch größer und wesentlich schöner.*

Jünger, schöner, größer – nachdem sie aus Schweinen wieder in Menschen verwandelt worden waren; hatte Longomanos vielleicht recht, als er Kirkes Bedeutung erklärte?

Die Felsen von Vouliagmeni zeigen ihre rote Nacktheit. Das Meer ist jetzt ganz weiß, eine Idee Indigo. Die Schiffsglocke hat

geläutet; ich seh sie mir an. Sie trägt die Inschrift »LA JOYEUSE 1880«. Acht Uhr.
Die Sonne ist untergegangen. Sie blieb einen Moment wie ein abgeschnittener Fingernagel über dem Berg von Ägina stehen und war dann wie eine Knitterfalte in einem Stück Seidenpapier. In den staubigen Straßen Athens wird es bereits dunkel sein. Seltsam das Auftauchen eines Menschen: manchmal macht es mich so beklommen wie unsere Existenz.

Nacht

Wir machen Station. Lichter verstreut am Fuße eines Berges. Der Junge mit den französischen Zeitschriften und seinen Buhlerei-Vorwürfen geht von Bord. Vom Boot aus seine Mutter:
– Mein Jannakis! Mein Kind! …
Ein demotisches Lied, durch und durch.

Donnerstag, Sonnenaufgang

Ich verbrachte die Nacht auf der Kapitänsbrücke, in einem Schiffssessel, der nach Rauch und Teer roch. Sturm; als würde gemäht; wie eine verärgerte Schar Wildenten. Sie haben den Klüver gesetzt. Bilder über Bilder auf diesem Stück Segel – hinter den Bildern das Pfeifen des Windes; noch dahinter die leise Stimme von Nikolas.

Freitag, früh

Gestern den ganzen Tag auf See. Zehn Uhr abends (mich hatte der Schlaf überwältigt) weckten mich die Düfte des Festlands. Einige Zeit später war das Rasseln des Ankers zu hören. Vor uns die Lichter des Dorfes, rechts ein dunkles bepflanztes Ufer.
– Für Herrn Stratis! rief jemand aus einem Boot, das auf uns zusteuerte.
– Hier, antwortete ich.
– Herzlich willkommen. Ich bin Sotiris, rief der Mensch wieder.

Ich stieg hinunter; unten an der Schiffsleiter wartete er auf mich.
– Frau Bilio schickt mich, sagte er zu mir.
Als wir am Kai anlegten, ging er sofort los; ich folgte ihm. Im Licht der Kaffeehäuser konnte ich sein Gesicht besser erkennen. Kleiner Kopf, heruntergezogene Schnurrbartenden, viele Falten am Hals; Sotiris war ein alter Mann; aber seine Augen stellten fortwährend Fragen.
Wir saßen auf und zogen bergan. Ein übervoller Himmel; miteinander verflochtene Katarakte: die Sterne. Ein starker Duft von den Mastixbüschen. Die unbekannte Bucht der Nacht mit einem fernen Pulsen, tief an den Wurzeln einer Heimat. Ein anderes Leben.
Wir machten vor einer Mauer halt.
– Hier ist das Haus, sagte Sotiris.
Ich stieg ab. Weiter hinten das schwach erhellte Fenster. Ich fragte ihn, ob er noch bleiben wolle; er wünschte mir gute Nacht und ging. Die Haustür war angelehnt. Bilio hatte sich hingelegt.

Freitag, abends

In unserem Haus sind zwei Zimmer. Wir leben in dem einen; im andern hat Bilio die Waschecke und die Küche hergerichtet. Ich habe einen Tisch mit zwei Büchern: die *Odyssee* und den Makrijannis. Vom Haus sieht man das Meer. Drei unbewohnte Inseln und nichts weiter, bis zum Horizont. Es gibt keine Elektrizität.
Wie es scheint, haben wir keine Worte mehr. Wir verständigen uns mit Einsilbern und Gesten, wie Blinde es zu tun pflegen. Eine große Wohltat.

Sonnabend

Ihr Körper, der durchs Wasser gleitet und sich dann ins Sonnenlicht erhebt: eine Neuentdeckung.

»Der Mittag, und der Meergreis entstieg der See. Unsere Hände hielten ihn fest. Er änderte seine Gestalt: Löwe, Drache, Panther, monströses Schwein, fließendes Wasser, hoher und dichtbelaubter Baum. Als er's nicht mehr aushielt, sprach er ... Proteus usw.«

Unsere Hände *hielten ihn fest*: hielten fest diese *Veränderung*, zur Mittagszeit. Du mußt sie *sehen* und sie mit beiden Händen fassen – damit sie zu dir spricht.

Jetzt, da ich darüber nachdenke, habe ich den Eindruck, ich sei ein alter Mann, der ein Kind berichtigt.

Sonntag

Regelmäßig, wenn es Abend wird, kommt Sotiris oder wir finden ihn zu Hause vor, auf uns wartend. Er ist achtzig Jahre alt und doch noch frisch verliebt. Die Leute aus seinem Dorf werfen ihm vor, daß er, ohne kirchlich getraut zu sein, mit seiner Frau zusammenlebt. Wahrscheinlich hatte er nicht das Geld oder es war zu kompliziert, von seiner ersten Frau geschieden zu werden, die ihn vor über fünfzig Jahren verlassen hatte. Er ist wunderbar. Ein richtiger Typ. Er erzählt uns Märchen; es ist unglaublich, wie sicher er beim Erzählen ist. So wie ihn stelle ich mir Makrijannis vor. Die Nereiden sprechen zu ihm; er ist ein Samstagskind. Er beschreibt sie uns. Ich könnte nicht sagen, daß er ein Tagträumer ist. Wie sehr er im Geiste abwägt, das merkt man, wenn er über das Verhalten der Leute urteilt, und an seinem Sinn für Humor, der tief in seinem Wesen verwurzelt ist. Er hat die Erhabenheit der Armut.

Montag

Am Freitag *muß* Bilio nach Athen. Zum Glück fahren die Schiffe öfter und brauchen nicht so lange. Mittwoch wird sie zurück sein. Sie sagt, daß mir fünf Tage Einsamkeit guttun werden.

Während die Sonne unterging, stiegen wir den Berg hinauf. Pfad unter Olivenbäumen. Ein blinder Alter auf der Schwelle sitzend, die eine Hand in die andere gelegt, sich auf seinen Stock stützend; weiter unten eine Alte, ihr Haar gleich einem Spinnrocken, die Schafe hütend. Oben auf dem Berg die kleine Kirche. Wir sahen hinunter in die andere Schlucht; das ruhige Atmen der Kiefern. Der Berg, gegenüber, dunkel; eine schwarze Masse, und über dem Bergrücken, eine Idee höher, der Abendstern. Das Meer verschwand und verschwand doch nicht; das Gefühl von Gerechtigkeit; die Waage, die das Schicksal versüßt.
Ich warf einen Blick in die kleine Kirche. Bilio zündete ihre Kerze vor der Ikonenwand an. Ein schlichter roter Vorhang in deren feingearbeiteter Pforte. Die Öllampen spendeten ein mildes Licht, das ab und zu vergoldete Muscheln erhellte. Eine Atmosphäre gold und schwarz – gold, überpudert mit feinem Weihrauchstaub. Wir liefen den Berg wieder hinab: ein Muli, eine rote Kuh; dann das Bellen eines Hundes über dem endlosen Text, dem Meer.
Darüber unterhielten wir uns beim Hinuntersteigen.
– Die Welt, die nicht spricht, wenn du sie nicht mit deinem Blut nährst, sagte ich zu ihr.
Wir schwiegen. Dann, mit einem Zittern in ihrer Stimme:
– Stratis, du bist manchmal sehr amüsant – »Es geht nicht darum, daß du mir sagst, was ich essen soll, um König zu werden, sondern was ich werde, wenn ich Maisfladen esse.« Wann hast du das zu mir gesagt?

Dienstag

Aber gestern abend, nachdem ich ihr die Meergeschichte von Nikolas erzählt hatte, nahm ihr Gesicht einen Ausdruck von Melancholie an, den ich nie zuvor wahrgenommen hatte.
– So wird der Mensch geboren, sagte sie, für die Schiffe, die versinken, für die Schiffe, die abbrennen.
Sie lachte:

– Ich erinnere mich nicht, wo ich das gelesen habe; es wird aus den Schnipseln meines Buches sein.
Sie erhob sich und trat ans Fenster. Im durchsichtigen Nachthemd ihr Körper wie im Meer. Ich fand es eigenartig, daß mich das an Lalas Garten erinnerte; den so fernen, so außerhalb dieser Welt hier. Sie betrachtete den bestirnten Himmel:
– Wie wird es wohl Lala gehen, fragte sie.
Spontan, als *wüßte* sie, antwortete ich:
– Am Ende einer jeden Sehnsucht gibt es vielleicht eine Lala, weißt du noch, wie du das sagtest?
– Hast du sie, seit ich weg bin, wiedergesehen, fragte sie, ohne den Kopf zu wenden.
– Wir sind zusammen mit Sphinx auf die Akropolis gegangen.
– Und?
– Ja; du hattest recht, am Ende einer jeden Sehnsucht.
Da erst drehte sie sich um und sah mich an. Ihre Blicke loderten.
– Ich will leben! rief sie und fiel mir in die Arme.
Viel später, kurz bevor sie einschlief, flüsterte sie, an mich geschmiegt:
– Morgen gehen wir zum Verbrannten Felsen.

Heute morgen gingen wir zum Verbrannten Felsen. Eine große Höhle, zum Meer hin geöffnet.
– Hier ist das einzige Haus, das ich akzeptiere, sagte sie.
Wir schwammen. Waren zu einem Blut geworden.
Es war spät am Nachmittag, als wir uns auf den Rückweg machten. Ein leichter Wind ging. Sie hatte sich bei mir untergehakt.
– Bin ich dir nicht zu schwer?
Wir kamen voran; sie schaute zum Meer:
– Und bin ich vielleicht nichts weiter als eine Feder auf den Wellen? fragte sie noch.

*

Sie machten einen langen Spaziergang. Morgen nachmittag würde Bilio abfahren. Die Trennung schritt neben ihnen; die beiden versuchten, sie nicht zu berühren. Als die Sonne sank, erreichten sie einen kleinen Strand. Er war ganz leer bis auf ein an Land gezogenes Boot, ebenso das Meer bis zum Horizont.

Bilio betrachtete die Kieselsteine.

– Jeder mit eigener Physiognomie, wie die Menschen, sagte sie.

– Ja, antwortete Stratis, als würde er einem Gedanken nachgehen; schreite zwischen den Menschen wie zwischen naturgegebenen Abnormitäten.

Sie hob den Kopf:

– Du hast wirklich sehr einsam gelebt.

– Ich weiß nicht, ob es die Einsamkeit ist. Ich habe eine Krise durchgemacht. Vielleicht war das Teil meines Schicksals. Ich erinnere mich an mein Erstaunen vor einem Spiegel, als ich ein kleines Kind war. Ich schaute mein Bild an: War das *ich*? Ich berührte die Stirn, die Schulter, die Hand. Ich sagte meinen Namen. Der Zweifel schnürte mir die Kehle zu. Wer war der da drin? Und ich, wer war ich?

– Wie die Kätzchen, sagte Bilio.

– Vielleicht. Vielleicht hatte das etwas vom Erstaunen eines Tiers, damals. Als ich aber meinen Verstand gebrauchen konnte, wurde die Angelegenheit unmenschlich. Ich betrachtete mich, forschte: Wer bin ich? Ich versuchte, mein Herz, so weit ich konnte, zu entblößen; tiefer zu gehen, noch tiefer. Schließlich fand ich nichts weiter als eine glatte Oberfläche, eben, plan, ohne die kleinste Erhebung, an der sich das Auge festhalten könnte. Die absolute Leere und eine unglaubliche Klarheit des Denkens. Du fühlst und siehst deine Empfindungen dort hineinfallen und verschwinden wie Tropfen am Ende einer Schnur. Sie rufen dich, und du weißt nicht, wen sie rufen, jenen, der schaut, oder jenen, den dieser schaut. Und du kommst an den Punkt, daß deine geringste Tat die Bedeutung eines Kampfes auf Leben und Tod gewinnt. Weißt du, wer Narziß war? Ein Mensch, der sein eigenes Ich ertrinken sieht, ohne sich rühren zu können, es zu retten.

– Und wie lange ging das so? fragte Bilio.

– Niemand wird leicht von dieser Krankheit kuriert. Ich hatte keinen, der mir beistand. In Griechenland ging ich bis zum Äußersten. Das Alleinsein wie auch das Mondlicht führen oft zum Nachgeben. Du fühlst, daß dich die unbezwingbare Gier zu beichten quält, und es gibt gar nichts zu beichten. Du kämpfst oder glaubst zu kämpfen, weil du keine Kraft mehr hast.

Stratis bückte sich und hob einen Kiesel auf. Seine Hand spielte mit ihm, als prüfe sie das Gewicht.

– Du fragtest, wie lange das so ging. Ich glaube, bis zu dem Zeitpunkt, als wir uns in jenem Bus in Kifissia getroffen haben. Erinnerst du dich, als dieser Typ das Leck-mich machte. Da begann ich allmählich, unter Mühen diesem Martyrium zu entrinnen; ich schleppte mich dahin. Versuchte mich zu halten an einem Gegenstand der Außenwelt, irgendeinem Gegenstand, so unbedeutend er auch sein mochte. Ich mußte mich vom grauenhaften *Innen* abnabeln, wie die Neugeborenen.

– Darum hatte ich damals Angst vor dir, flüsterte Bilio.

– Weißt du, warum ich dich liebe? fragte er sie. Weil du mir geholfen hast, an einen *andern* zu glauben. Vorgestern, als wir beim Verbrannten Felsen eins wurden und das, was du mir gabst, so stark war, war ich einen Augenblick lang nichts, absolut niemand, und dann vereinzelt wie dieser Kiesel. Bei dir lernte ich diesen Rhythmus: sich zu verlieren, um zu sein.

Bilio sah ihn an.

– Verzeih mir, daß ich dir das so erzähle, sagte Stratis zu ihr und warf den Stein ins ruhige Meer.

Sotiris erwartete sie zu Hause. Bilio wünschte ihm heiter einen guten Abend.

– Ich wollte schon gehen, sagte er, heute seid ihr spät zurück.

Bilio brachte ihm Mastix:
– Hast du deine Nereide gesehen?
– Ich treffe sie übermorgen, am Sonnabend, sagte Sotiris, dort auf der Straße zur Evangelistria-Kirche.
– Ich sehe, du bist dir sicher.
– Sicher, weil es sein muß; wenn du nicht sicher bist, kommt die Nereide nicht.
Er sah in sein Bündel und holte eine Geige heraus.
– Spiel uns was vor, Sotiris, bat Bilio.
– Ich hab sie schon lange nicht mehr angefaßt.
Sprach's und sah aus dem Fenster in die Ferne. Sein Blick irrte umher, als versuche er, sich an etwas zu erinnern. Dann streichelte Sotiris seine Geige und begann zu spielen, mit dem Fuß auf den Boden stampfend. Die dicken Finger umfaßten kräftig den Hals des Instruments. Ein forscher Rhythmus, ohne Melodie, füllte das Zimmer und brach ab.
– Ein anderes Mal, sagte Sotiris, heute will die Nereide es nicht.
– Sie muß schön sein, sagte Stratis zu ihm.
– Schön ist gar kein Ausdruck. Nimm's nicht krumm, Herr Stratis, sie ist sogar noch schöner als Frau Bilio.
Er leerte das Glas und stand auf.
– Ich gehe, sagte er zu ihnen, bin spät dran. Gute Reise, Frau Bilio, und wenn du zurückkommst, erzähle ich dir das Märchen von der Prinzessin, die im Schloß des Mondes schlief.
– Ja, mein Sotiris, auf Wiedersehen.
Stratis begleitete ihn bis zur Gartenmauer.
– Weißt du, sagte Sotiris, die Nereide ist *genauso* schön wie Frau Bilio, nicht schöner, aber, siehst du, die Frauen sollen nicht so eingebildet sein.
Im Häuschen, neben der Lampe sitzend, blätterte Bilio im Makrijannis-Buch.
– Sieh an, sagte Stratis.
Er nahm ihr das Buch aus der Hand, setzte sich und las vor:
– »... ›wir flüchteten alle in den Sumpf. Doch die Türken

spürten uns auf und verfolgten uns. Unsere Körper waren blutüberströmt, weil Blutegel sich festgesetzt hatten und uns aussaugten. Im See drängten sich die Leiber unserer Kinder, als wären es Frösche. Einige lebten noch, andere waren schon tot. Die Türken fingen mich ein und vergewaltigten mich achtunddreißigmal. Sie richteten uns zugrunde, mich und die anderen. Für wen haben wir das alles durchgemacht, wenn nicht für die Heimat? Und nun ist auf keiner Seite Gerechtigkeit. Nur List und Betrug.‹ Sie weinte verbittert, und ich versuchte, sie zu trösten. Dann wurde auch ich traurig und weinte ...«
Stratis schlug das Buch zu. Bilio schaute ihn an. Er sagte:
– Du hast mal gesagt: mit Rhythmus und Menschlichkeit. Das eben war etwas, was die Empfindung wiedergibt, die du in mir wecktest, als du mir das sagtest. Ich würde mich glücklich schätzen, wenn ich nach zehn Jahren Arbeit imstande wäre, so schlicht zu schreiben. Zur Zeit bin ich an dem Punkt, wo bei den Pflanzen der Sproß grünt und kurz davor ist, auszutreiben.
Stratis erhob sich und ging zum Fenster. Die Düfte der Nacht trugen den Atem einer grenzenlosen Ruhe heran. Es verging eine Zeit ausgedehnter Stille.
– Weißt du, sagte Bilio, noch nie habe ich deine Stimme so empfunden wie heute. In Athen warst du so anders; mal ein monströser Kopf, mal ein monströser Körper. Jetzt, beim Vorlesen, war deine Stimme Körper und Seele, eins.
Spät nachts stand Stratis auf und öffnete die Tür. Der Himmel ein bröckliges Meer, voller Sterne.
– So viele Seelen im Wasser, flüsterte er, armes Griechentum.
Hinter ihm, im Bett, wälzte sich Bilio. Sie sprach im Schlaf:
– Ich will nicht fort, will dich nicht allein lassen, will nicht ...
Er ging zu ihr. Drückte beide Hände auf ihr Gesicht, auf ihre Taille, auf ihre Knie, auf ihre Füße; als wollte er seinem Tastsinn die Gestalt ihres Körpers einprägen.

STRATIS war jetzt beim vierundzwanzigsten Gesang der *Odyssee* angelangt. Es wurde dunkel. Er ging zur Tür und schaute, wo der Abendstern stand. In spätestens zwei, drei Stunden würde Bilio dasein. Es war ihr Wille gewesen, daß er sie nicht vom Schiff abholte. Das Meer strahlte genau dieselbe Ruhe aus wie letzten Donnerstag. Er erinnerte sich an den Frühling, als er zum ersten Mal bei ihr zu Hause auf sie gewartet hatte. Es erschien ihm seltsam, daß sein Herz so schlug wie damals. Dieselben Bilder wollten ihm wieder in den Sinn kommen; er ging ins Zimmer zurück und begann, die Dinge in jene Ordnung zu bringen, in der sie gewesen waren am Tag, an dem Bilio abgereist war. Er trat ans Bett und zerwühlte es. Er lachte innerlich über seinen Versuch, den Kissen und Laken dieselbe Anordnung der Falten zu geben, in der sie, nachdem Bilios Körper sie verlassen hatte, geblieben waren. Er wollte wieder hinausgehen; blieb kurz stehen, nahm ein Glas, füllte es zur Hälfte und stellte es neben das Bett; so war es, als sie getrunken hatte, kurz vor dem Abschied. »Ich versuche, fünf Tage durch Zauberei auszulöschen«, ging es ihm durch den Kopf, wobei er lächeln mußte. Da vernahm er die Schritte des Alten:
– Heiß sie willkommen, Herr Stratis.
– Danke Sotiris, komm rein. Ich hoffe, daß die See ruhig ist.

– Sommerwind du,
bring auch mir frohe Kunde,

sagte Sotiris. Dann fügte er schüchtern hinzu:
– Ich hab auch meine Geige mitgebracht.
– Bravo, Sotiris, setz dich.
Und als er saß:
– Weißt du, Herr Stratis, wenn ihr glücklich zurück nach Athen fahrt, geh ich nicht wieder dahin, um all diese Quälgeister nochmal zu sehen.

Er meinte damit seine Mitbewohner aus dem Dorf. Stratis streichelte ihm über die Schulter.

– Was ihr beide mir gegeben habt, Frau Bilio und du, genügt für die Tage, die Gott in mein Bündel gesteckt hat. Was die Nächte angeht ...

Er befühlte seine Geige:

– Was wissen die schon, die Hornochsen ...

Sotiris spitzte die Ohren:

– Da! Sie kommen, sagte er und wollte sich erheben.

– Bleib sitzen, sagte Stratis zu ihm, wobei er versuchte, den eigenen inneren Drang, hinauszustürzen, zu bezwingen.

Die Schritte kamen näher. Es erschien Lala.

Sie hatte nicht dieselbe Stimme; auch nicht jene bedächtige Aussprache, darum fielen ihre Worte jetzt rund wie Glasperlen. Sie redete undeutlich und schmerzerfüllt:

– Stratis, ich habe dir einmal gesagt, daß ich, wenn du mich nicht rufst, nicht kommen würde. Es ließ sich aber nicht vermeiden ...

Sie hielt inne. Ihr Gesicht mutete an, als wäre es aus Wachs. Mit unvorstellbarer Langsamkeit wanderte ihr Blick über die Gegenstände im Zimmer; er blieb am halbgefüllten Glas hängen.

– Ich habe Durst, sagte sie.

Sie stürzte hin und leerte Bilios Glas.

– Aber wo ist denn Bilio? fragte Stratis.

– Ich weiß nicht ... Ich weiß nicht ... Salome starb gestern mittag ...

– Was?

Stratis fühlte seine Stimme in der Kehle gerinnen.

– Ich muß gehen, sagte Sotiris.

– Bleib, rief Stratis plötzlich.

– Wir saßen im Königlichen Garten, berichtete Lala, gestern mittag. Sie war so guter Dinge. Sie hielt Nelken in der Hand. Erzählte, daß sie am Abend abreisen würde, um zu dir zu kommen. Ich fragte sie, ob wir Ende des Monats auf die Akropolis gehen. Weißt du, übermorgen, am 31., ist Vollmond. Sie antwortete mir so fröhlich: »Vorhang, kein Mondlicht mehr; Stratis braucht die Sonne ...« Über diesem Wort verharrte sie reglos, wie eine Statue. Ich griff nach ihrer Hand; sie war eiskalt ... und das Gesicht ... und der Hals ... und die roten Blumen lagen auf ihren Knien ...

Ein Weinkrampf schüttelte sie.

– Danke, Lala, sagte Stratis zu ihr.

Sotiris erhob sich:

– Was sagt die Frau hier?

– Frau Bilio ist tot, Sotiris, antwortete Stratis ruhig.

Die Augen des Alten glänzten feucht:

– Ach! Die Arme, stöhnte er, und sie hatte so viel Leben in sich!

Stratis zündete die Lampe an.

– Sotiris, ich will dich um einen Gefallen bitten, sagte er zu ihm, erinnerst du dich, wie du Geige gespielt hast am Tag, bevor sie uns verließ?

– Ja, Herr Stratis.

– Ich will dasselbe, jetzt.

– Aber ..., sagte Sotiris und sah zu Lala, die ihre Augen wischte.

– Ich bitte dich, unterbrach ihn Stratis.

Sotiris holte seine Geige heraus; seine dicken Finger zitterten, während sie sie umfaßten; wie er mit dem Bogen so über die Saiten strich, war es, als schrie ein wildes Tier.

– Ich kann nicht mehr, schnaubte er und stand auf.

Stratis begleitete ihn bis zur Mauer.

– Mein Beileid, Herr Stratis, sagte der Alte zu ihm. Ich kenne deinen Kummer. So begann ich, Nereiden zu sehen.

Er ging fort. Stratis atmete tief durch. Um den Aufschrei der Geige herum wirbelten die Düfte der Nacht und machten ihn irre. Er kehrte ins Haus zurück.

– Du wirst Hunger haben, sagte er zu Lala. Da drüben findest du was ...

Er zeigte ihr, wo alles stand.
– Du kannst hier schlafen. Ich komme morgen früh zurück.
Er rannte hinaus; lief bis zum Strand, stürzte auf die Kieselsteine und brach in Tränen aus.
Er blieb stundenlang so liegen, den Blick auf den Himmel gerichtet. Der Bogenstrich von Sotiris biß in sein Gehör. Auf den Strahlen des Mondes ein Körper, in den die Blutegel sich bohrten, tauchte auf und entschwebte, kam ihm nah und entwich. Er drehte sich auf den Bauch. Berührte die Kieselsteine. Zunächst halfen sie ihm. Dann glühten sie; alle. Er robbte zum Meer, warf sich Wasser über den Kopf und taumelte zum Haus zurück, als der Morgen graute.
Er zündete eine Kerze an. Lala schlief, das leere Glas stand daneben. Der Ausdruck ihres auf der Seite liegenden Gesichts strahlte eine ungestörte Ruhe aus. »Besser so als irre werden«, dachte Stratis und zog das Laken weg. Seine stumpfen Blicke wanderten über den nackten Körper, der auf dem Bett atmete, das er hergerichtet hatte für ein inzwischen beerdigtes Wesen. Sein Blick ruhte auf den vollen Brüsten: »Seltsam, Lala nennt sie Busen, Bilio hat dieses Wort nie gebraucht.« Ihm schwindelte. Ihm schien, die Wolfsjungen waren dort, von Schnee bedeckt; immer mehr Schnee. Er flüsterte: »Bilio würde hier hineinpassen; Bilio könnte hier drin atmen.« Er streckte die Hände aus; der Ton der Geige explodierte, und seine Knie wurden weich. Er fiel auf die Fliesen und sank in einen sumpfigen Tiefschlaf.

*

Es war nach neun Uhr, als Lala ihn weckte. Er ging hinaus und wusch sich am Brunnen.
– Ich glaube, wir können nachmittags abfahren, sagte er zu ihr.
– Ja, ich hab alles fertiggemacht.
Er begann seine Sachen zusammenzusuchen.

– Um die Sachen von Salome hab ich mich schon gekümmert, sagte Lala.
Der Name läutete wie eine ungewohnte Klingel. Er ließ den Homer bis zuletzt draußen.
– Weißt du, was ich las, als du kamst?
Lala schaute ihn an.
– »Längs des Okeanos zogen sie und des Leukadischen Felsens, flogen am Tore der Sonne und am Traumland vorüber ...«
– Wer zog vorüber, fragte Lala.
– Die Seelen der Toten.
Er schmiß das Buch in den Koffer.
– Ich ziehe es vor, nicht hier zu warten, sagte er zu ihr.
– Ich bin ausgeruht, Stratis, wenn du willst, komme ich mit dir.
Auf dem Fenstersims grünte das Basilikum. Stratis streichelte es und atmete seinen Duft. Er brach einen Zweig ab.
– Gehen wir, forderte er sie auf. Das ist das einzige, was wir hier drinnen lebendig zurücklassen.
Sie gingen bis zum Verbrannten Felsen, ohne ein Wort zu sagen. Hier und da Wurzeln und Holzstücke, die die Wellen an den Strand geworfen hatten. Stratis hob eine Wurzel auf und betrachtete sie:
– Denk nur, gestern noch trieb sie im Meer, und schon heute hat die Sonne sie ausgedörrt.
– Aber die Sonne brennt doch, bemerkte Lala. Die Sonne, seltsam ...
Sie brach mitten im Satz ab.
– Verzeih mir, sagte sie.
– Sprich Lala, sprich, es stört mich nicht, erwiderte Stratis, sie war hier an meiner Seite vor einer Woche.
Er sah zu den Wänden der hochaufragenden Höhle ohne Deckengewölbe. Ihr Boden war hier und da rußig, wo einst Feuerstellen gewesen. Adern durchzogen sie, mal rostrot, mal weiß wie Milch.

– Gestern rannte die Seele übers Wasser; zog am Leukadischen Felsen vorbei; jetzt pocht sie an die Türen der Sonne …
Er fühlte, wie seine Augen stachen und ihn zu einem Ausgang drängten, den er blind suchte, gleich einer Fledermaus in einer Flut von Strahlen.
Er bückte sich, sammelte Holz und Reisig, schichtete alles auf und krönte es mit einem Basilikumzweig.
– Vielleicht eilt dieses Grün, sie dort zu erwarten, im Traumland, sie muß jeden Moment dort eintreffen.
Er suchte nach Feuer. Lala, auf dem Boden sitzend, sah ihm zu.
– Was hast du vor? fragte sie ihn.
– Ich will es anzünden.
Hektisch, wie eine Gejagte, suchte sie in ihrem Rucksack und fand eine Streichholzschachtel. Stratis bückte sich, um sie zu nehmen. Ihr Haar fiel lang über ihren Nacken; er streichelte es; ihre Haut war warm. In ihren Augen spiegelte sich die Angst des wilden Tiers, ihr Herz schlug laut. »Es schlägt noch«, dachte er.
– Was hast du vor? fragte sie wieder.
Stratis gab keine Antwort und entfachte das Feuer. Er sah die grünen Blättchen zusammenschrumpfen und schwarz werden. Lala kroch bis dicht an die Flammen. Er packte sie bei den Haaren und zerrte sie.
– Wirf mich ins Feuer der Bilio, was wartest du noch, schrie sie.
Die See blinkte, als seien es unzählige Scherben. Ein Vogel flatterte vor ihm in der Luft – »Sie muß jeden Moment dort eintreffen … vielleicht ist sie schon da …« Der Duft der Mastixbüsche überschwemmte seine Erinnerung, der Duft von Nußbäumen, und zwei Frauen, sich umarmend, unzertrennlich. Da, gleich dem Flammenschwert des Erzengels, hieb ein Bogenstrich auf ihn ein, und er stürzte sich ins Meer.
Das Feuer war niedergebrannt, als er zurückkam. Etwas weiter weg, unter den Adern des Felsens, mit geschlossenen Au-

gen, lag Lala. Ihr Körper hatte die Farbe des blonden Strandes, seelenruhig wie eine Grabinschrift. Die Arme gestreckt, parallel, wirkten wie mit jener Ruhestätte verwachsen. Stratis hatte den Eindruck, daß Lala mehr und mehr versank; daß sie in Kürze gänzlich verschluckt sein würde. Mit Vorsicht, man hätte meinen können, um diese Stille nicht zu stören, beugte er sich über sie und wurde eins mit diesem Medium des Übergangs.

AM MORGEN erreichten sie Piräus und nahmen einen Wagen. Bald, am Ende der Singru-Allee, tauchte aus dem Hitzedunst die Akropolis, ein belangloser Gegenstand.
– Sieh an! Sie gleicht einer Seifenreklame, sagte Lala.
Stratis schaute sich im Taxi um, mit dem sie fuhren. Es war ein uraltes Coupé Citroën, eines jener sonderbaren Überbleibsel, die einen in Attika allerdings nicht erstaunen.

- ... Kamen wir auf Salamis an,
blieben wir der eine Mann.

murmelte er.
– Hör zu Stratis, sagte Lala zu ihm, Salome verabscheute die Jammerei. Ich schlag dir etwas vor: Laß uns zusammen verreisen; wir gehen, wohin du willst. Ich verlange nichts von dir. Du kannst mich fertigmachen wie vorgestern, du kannst mich eingraben wie gestern; mich in irgendeinem Hafen vergessen oder mich den Haien zum Fraß vorwerfen ...
– Und warum würdest du dir das alles gefallen lassen, unterbrach Stratis sie.
– Es ist nicht aus Liebe, wehrte sie ab, als hätte man ihr etwas vorgeworfen, es ist nicht aus Liebe. Ich muß mich an etwas festhalten – an etwas Fremdem, etwas von draußen.
– Woran? fragte Stratis.
– Ich weiß nicht; ich weiß nicht. Aber das, wovon ich rede, habe ich in mir seit meiner Kindheit. Nachdem mich am Brunnen der Schwengel traf, fällten sie ihr Urteil über mich. Monate verbrachte ich mit verbundenen Augen, mit furchtbaren Kopfschmerzen, die mich wahnsinnig machten. Weißt du, was es heißt, sich selbst nackt zu sehen, gehüllt in dichtes Dunkel – die Arme ausgestreckt, und sich an nichts festhalten zu können?
Mit geschlossenen Augen hörte Stratis ihr zu.
– Ich weiß, du glaubst mir nicht, sagte sie noch. Heute wäre

dieses Etwas, mich einem Menschen hinzugeben, den ich nicht liebe.
– Und warum ausgerechnet mir und nicht jenem Passanten dort?
– Na ja, was willst du, wir dürfen auch das Schicksal nicht außer acht lassen. Jenem Passanten dort hat mich weder Sphinx, diese intellektuelle Mittlerin, noch Salome, und du weißt, was für ein Mensch sie war, angeboten. Gestern, als du das Feuer für sie angezündet hast, kam es mir in den Sinn: »Er entfacht es, um mich zu verbrennen; ich muß ihm helfen, mich zu verbrennen.« Dann stürztest du ins Meer, und als du zurückkamst und mich nahmst, fühlte ich mich tief in der Erde versunken, ausgebreitet in der Erde, fühlte, daß du mit der Erde schliefst ... und sagte mir: »Wenn er mich hier drin läßt, werde ich nicht versuchen, herauszukommen.«
– So warst du, sagte Stratis.
– Ja. Aber was du nicht weißt, ist, daß ich noch immer dort drin bin. Zusammen mit Bilio.
Er merkte, daß ihm wirr im Kopf war.
– Zusammen mit Bilio? fragte er ...
Sie schlug die Augen nieder:
– Jetzt reden zwei Gespenster miteinander, flüsterte sie, werden jemals zwei Menschen miteinander reden? Wer weiß.
Das Auto fuhr Richtung Kifissia. Sie sagten nichts weiter. Erst als sich Stratis von ihr verabschiedete, fragte sie ihn:
– Wirst du heut abend dorthin gehen?
– Nein. Schluß mit dem Mondlicht.
In der Hitze des Vorgartens, unter dem großen Baum, stand sie, in Weiß gekleidet.
– Ich danke dir, sagte er noch zu ihr.
Sein Kopf machte eine Bewegung, wie um sie zu küssen. Er fühlte nicht, ob er sie wirklich berührte oder ob sie sich aufgelöst hatte im grünen Schatten.

*

Stratis fuhr mit demselben Wagen zurück. Das Antlitz seines Hauses mit den geschlossenen Fensterläden rief in ihm den Alpdruck von einem Gefängnis hervor. Nachdem er bezahlt hatte, blieb er kurz stehen:
– Dein Wagen ist alt, sagte er zum Fahrer.
– Ja, mein Herr, alt; aber noch verdien ich mein Brot damit; du mußt wissen, seine Form ist bei den jungen Pärchen sehr gefragt.
Er sprach das Wort Form wie einer von den Inseln aus.
– Bist du schon immer dieser Arbeit nachgegangen? fragte Stratis.
– Nein; ich komme aus einer Familie von Seeleuten, aber die Inseln können nicht viele Seelen ernähren. Ich war zuviel, und so haben sie mich nach Athen geschickt. Zunächst bekam ich Arbeit in einer Garage; mit denen habe ich mich verstritten – ich bin ein unabhängiger Charakter. Dann wurde ich Straßenbahnfahrer; du weißt schon, mit Uniform und Glocke. Ich war nicht sehr glücklich; hab's nicht ausgehalten. Die verfluchten Schienenstränge den ganzen Tag, Scheiß auf diesen Zwang! Eine Geradheit wie bei einer Totenbahre. Ich ließ die Glocke schellen und sagte mir: »Die werden mich hier drin noch einsargen; die werden mich hier drin noch bestatten.« So bin ich alt geworden. Vor kurzem hab ich diese Arbeit sein lassen; die Alten halten es da nicht lange aus. Der Wagen hier gehört mir nicht, aber das macht nichts; ich mag die Jugend.
Stratis gab ihm noch einen Schein.
– Danke, mein Herr. Ich bin nicht aus Piräus. Mein Taxistand ist an der Kirche Heiliger Konstantin; wenn du mich irgendwann brauchst, frag nach Chlepuras.
– Ich hab deinen Namen schon mal gehört, sagte Stratis zu ihm.
Die erstickende Hitze im Haus packte ihn an der Gurgel. Er stellte seinen Koffer auf den Fußboden, riß sich alle Sachen vom Leib, ging schnurstracks in sein Zimmer und ließ sich auf die eingestaubte Matratze fallen.

ER SCHLIEF traumlos; absolute Nichtexistenz. Als er die Augen aufschlug, war es draußen dunkel. Er wähnte sich in einem Sumpf aus Schweiß. Das elektrische Licht stach ihm ins Hirn; er schaltete es aus, tastete sich zum Fenster vor und öffnete es. Der kreisrunde Mond erhellte die Palmen am Museum. Im Hintergrund die Akropolis. »Du kannst mich hier nehmen; auf diesen Marmorsteinen«, hatte Salome gesagt – und Bilio? ... War das dieselbe Frau? ... Aber welche war denn gestorben? ... 
Er empfand alles als fließend und verschlungen, voll unbestimmter streichelnder Bewegungen, fremde Hände, die ihn berühren wollten und ihn nicht berührten, kamen ihm sehr nahe und wichen wieder, wie Seetang – »Und wäre ich tot, ... ginge es mir so wie jetzt?«
Er schloß mit Wucht die Fensterläden, hastete zurück, an ein Möbelstück prallend, und suchte nach dem Lichtschalter. Die Lampe flammte auf; neben dem Bett rannten zwei fette Kakerlaken. Er zog an, was er gerade fand, und machte sich auf den Weg.
Stundenlang lief er umher, seinen persönlichen Kampf ausfechtend mit jeder Person, mit allem, was auf der Straße dahintrieb. Die Kellerwohnungen, hell erleuchtet, boten ihre Innereien dar wie zerteiltes Schlachtvieh in den Fleischerläden. In solch einer Zisterne saß eine dicke Frau mit gespreizten Beinen zwischen einem Tisch und einer Wiege; mit der einen Hand aß sie, mit der anderen schaukelte sie ihr Kind, das schrie – »Die Seelen kreischen wie die Fledermäuse oder wie die Säuglinge« ... Er sah die Narbe an Salomes Hüfte. Er rannte, rannte und klopfte außer Atem an eine Tür.
Die Alte machte ihm auf; er packte sie am Arm; ein Knochen:
– Ich will Domna! schrie er, ohne Atem zu holen.
– Halt, krächzte das Gerippe.
Er schob sie beiseite.

Von oben, aus der Höhe des Treppenverschlags, polterten Ächzlaute und Schritte herunter; ein hündisches Jaulen. Stratis lehnte sich an die Wand. Stille trat ein, und dann, im Rhythmus einer Totentrommel, zog die Prozession an ihm vorbei. Voran vier Polizisten mit polierten Knöpfen, sie trugen einen nackten Burschen, gewickelt in ein blutiges Laken; sein Gesicht war kreidebleich, nur der schwarze Schnurrbart stach hervor. Dahinter zwei in Zivil, die einem andern mit Handschellen unter die Achseln griffen. Schließlich Domna, schwerfällig, mit luftigem Hemdchen und einer Flasche in der Hand. Ihr Gesicht sah aus, als wäre es mit weinrotem Schlamm beschmiert, über den die Tränen kullerten. Die Alte öffnete beide Türflügel, und der Zug schritt gemessen hinaus auf die Straße. Die Tür schloß sich wieder, die untersetzte barbrüstige Hure allein zurücklassend. Sie stand reglos da, gleich einem buntbemalten Götzenbild. Stratis löste sich von der Wand und hob den Arm, sie zu berühren. Sie stieß einen markerschütternden Schrei aus, und die Flasche zerbarst auf dem Boden. Ein Geruch billigen Parfüms stieg vom Zement auf und vertrieb Stratis. Draußen, auf dem Fußweg, stolperte er über ein winziges Mädchen, das ihm Blumen anbot; er kaufte eine rote Nelke.

*

– Chlepuras, fahr mich zur Akropolis, sagte er.
– Die Akropolis ist schön, erwiderte Chlepuras.
Er stieg aus und warf den Motor an.
Als sie am Theseion vorbeifuhren, reckte er den Hals:
– Kehren wir zurück?
– Kehren wir zurück? fragte Stratis.
– Soll ich Sie zurückfahren? wiederholte Chlepuras.
– Ja, sagte Stratis beinah verärgert.
Er eilte die Treppe hinauf. Bezahlte die Eintrittskarte, passierte die Propyläen, ohne auf irgend etwas zu achten, und blieb vor den Karyatiden stehen. Er sah sich nacheinander ihre Füße an.

Hinter ihm, in dieser Gegend, war ihr Zuhause; leer, wie er es an jenem gespenstischen Morgen vorgefunden hatte. Passanten liefen am niedriggelegenen Fenster vorbei, und man sah ihre staubigen Hosen; Finger kneteten das Wachs, jenen weißen Körper – es war ein Freitag, wie heute. Sein Arm machte eine Bewegung, als würfe er einen Stein. Die Nelke beschrieb einen dunklen Bogen und fiel lautlos zu Füßen der Statuen nieder.

Er kehrte um, ohne den Blick zu heben. Die Marmortreppe führte in die Tiefe. Ihre Helligkeit wurde ab und zu unterbrochen von geometrischen Schatten – »Unvorstellbare, warme Stille, und trotzdem irren in dieser Ruhe die Hündinnen umher und wittern den Mord.« Er sah Domnas Statue – »Die Keuschen«, berichtigte er. Eine Gestalt glitt über die Schatten, rührte sich im Mondlicht und stieg zu ihm hinauf.

– Du hast zu all dem Schluß gesagt, und doch bist du gekommen.

– Wegen diesem Schluß siehst du mich hier, erwiderte Stratis.

– Was hast du den ganzen Tag gemacht?

– Geschlafen und dann ins Bordell.

Lala hielt zwei rote Nelken in der Hand:

– Ich bin wegen denen hier. Besser, sie ihr hierher zu bringen; sie mochte keine Friedhöfe; nimm du die eine, besser so.

Sie gingen zusammen zu den Karyatiden. Stratis stellte sich an dieselbe Stelle und warf mit derselben Handbewegung die Blume. Lala tat es ihm nach. Zum dritten Mal beschrieb die Nelke die dunkle Bahn und fiel unhörbar.

Er fühlte die geliebte Hand sein Herz umklammern:

– Wie sagtest du, Lala? »Die Bedeutung wird erst später sichtbar«; wann später? Was wir für unsere Toten auch tun; unsere Trauer, unsere Tränen, unser Flehen sind so, als kehrten sie irgendwann zurück. Das Ende, das wirkliche, kann das menschliche Denken nicht fassen; dann gehen wir und finden sie, und die anderen, oben auf der Erde, machen weiter.

Es kamen ihm die Tränen; er flüsterte:

– Und ich geh mit dir zusammen, der ich dir Gesellschaft leisten kann,
was die Körper nicht begannen, fangen die Len im Hades an.

– Wer sind die »Len«? fragte Lala.
– Die Seelen, sagte Stratis.
– Das hast du dir wohl am Verbrannten Felsen ausgedacht, erwiderte sie nachdenklich; ist es von dir?
– Nein, es ist aus *Erotokritos.*
– Ich hatte eine Amme, die mir immer daraus vorlas; hätte ich nicht gedacht, daß es daraus ist.
Auf dem Rückweg machten sie vor dem Parthenon halt.
– Dieser Marmor in diesem Licht erinnert mich an Krankenhauswände, sagte Stratis, gehen wir.
Chlepuras schlief; er weckte ihn.
– Heute abend hat der Heilige Fels keine Kundschaft, murmelte der. Manchmal kommen so viele Leute; du müßtest sie sehen, man denkt, sie gehen zu einer Grablegung.
– Ach, das ist ja der, der uns von Piräus nach Hause gefahren hat, sagte Lala. Ich fahre mit bis zu dir und dann weiter nach Kefalari; du mußt mich nicht begleiten.
Chlepuras löste die Bremse. Als sie in die Akademias-Straße einbogen, fragte Lala:
– Bezahlen alle im Bordell?
– Ja, das ist so üblich ... Aber heute traf ich die Frau, die ich haben wollte, zwischen einem Toten und einem Messerstecher an.
– Bist du nun in ein Bordell gegangen oder suchtest du eine bestimmte Frau?
– Eine bestimmte Frau. Ich hatte sie letzten Mai kennengelernt; in jener Nacht, als Salome in dem Moment kam, als bereits die Trillerpfeifen zu hören waren, erinnerst du dich? Weißt du, auch sie gehörte in gewisser Weise zur Truppe; sie heißt Domna.

– Seltsamer Name.
Sie verstummten. Stratis' Gehirn schlummerte. Fetzen von alten Erinnerungen aus der Zeit in der Fremde gelangten an die Oberfläche und lösten sich wieder auf; er murmelte:
– Es war eine Alte auf einer Brücke. Wann immer ich vorbeiging, stand sie da; sie hielt einen Strauß Veilchen, immer denselben. In ihrer Stimme war ein herbes, kaputtes Klagen. Jedesmal, wenn ich sie sah, erinnerte ich mich an den armen Vincent: »Besser eine Hure für einen Taler als Einsamkeit ...«
– Wer ist Vincent, fragte Lala.
– Ein großer Maler.
Chlepuras war jetzt auf der Höhe des Museums und wollte gerade nach rechts abbiegen, als Lala sich zu ihm vorbeugte:
– Nimm die Alexandras-Allee und fahr nach Kefalari, zum Haus, zu dem du uns heut' morgen gefahren hast.
– Kehrt ihr dann wieder zurück? fragte Chlepuras.
– Nein, erwiderte Lala entschlossen.
Chlepuras stellte das Taxameter ein; das metallische Klicken war zu hören; Stratis schreckte hoch. Lala sagte zu ihm mit derselben Entschiedenheit:
– Erzähl deinen Freunden, daß du bei Domna warst; außerdem werde ich heute nacht nicht zu Hause bleiben. Du wirst in meinem Zimmer schlafen.

STRATIS:

Sonntag, September

Ich versuche, das Gestrige zu notieren, wie soll ich es wiedergeben? Jetzt kann ich die Schatten nicht mehr von den Menschen unterscheiden. In dem Land, in das wir gekommen sind, muß man auch das akzeptieren, vielleicht ist das der einzige Weg.

Nachdem uns Chlepuras rausgelassen hatte, nahm mich Lala an die Hand. Ich gehorchte ihr willenlos. Sie öffnete die Haustür, schaltete das Licht ein und führte mich hinauf zu ihrem Zimmer. Sie half mir beim Hinlegen. Die Lider halbgeschlossen, sah ich, wie sie ein Laken ausbreitete und mich damit zudeckte. Sie wischte mir Gesicht und Hals mit einem in Blütenwasser getauchten Tuch ab. Es war, als wäre ich mit Stricken gefesselt gewesen und man würde mich in diesem Moment daraus befreien. Mir schien, daß draußen zusammen mit den Gerüchen der Nacht auch ein Hauch von Weihrauch vorbeiwehte. Ich fühlte, wie ich langsam sank; wie man mich hinabließ in eine Umarmung in Gestalt von Lalas Körper, und auch Bilio war da, und ich verschmolz mit ihr, immer tiefer hinab, und weiter nichts.

Es war spät am Morgen, als ich erwachte. Ich fand meine Sachen ordentlich zusammengelegt auf einem Stuhl; auf einem Tisch das Nötigste, was ich brauchte, mich zu waschen. Ich betrachtete die Wände ringsum; sie waren weiß; nur der Spiegel in einem Rahmen aus dunklem Gold und über dem Bett ein Triptychon mit Geburt, Kreuzigung und Auferstehung; das Öllicht brannte noch. Beinah zornig stieß ich die Fensterläden auf; die Außenwelt bot sich mir dar wie ein sonderbares Etwas, herausgenommen aus einem Paket, das einem ein Fremder gebracht hat und in dem man etwas Gefährliches vermutet.

Ich stieg hinunter; das Haus leer und kühl; im Eßzimmer Kaffee, Käse, Brot und ein Glas eiskaltes Wasser; ich aß und ging hinaus. Draußen, aufrecht stehend unter dem Nußbaum, Lala.

– Guten Tag, sagte ich zu ihr, wie hast du geschlafen?

– Ich war weg und hab mich für einen Taler verkauft – sieh her ...

Sie öffnete die Hand und zeigte mir eine Münze oder etwas, das mir wie eine Münze vorkam.

– ... Jetzt kannst du mich auch Domna nennen ... Es sei denn, du bevorzugst ... Sie schloß für einen Moment die Augen; der Satz blieb unvollendet. In meinem halbbetäubten Hirn erwachte der Gedanke, daß all das in der Natur der Dinge lag, wie der mächtige Baumstamm fest in der Erde wurzelte; wie das Flimmern ihres Gesichts.

– Wenn die Hitze dir nichts ausmacht, laß uns ein wenig spazierengehen, sagte sie.

Wir liefen, ohne ein Wort zu sprechen; ich folgte ihr. Wir durchquerten Kokinara und nahmen einsame Pfade. Die Pinien, in Licht getaucht, wirkten, jede einzelne, wie an dem Punkt, wo die Widerstandskraft erlahmt, als seien sie kurz vor dem Bersten. Wir stiegen eine Anhöhe hinauf, auf den trockenen Piniennadeln rutschten wir aus; der Hang auf der anderen Seite war angefressen; ein Steinbruch.

Hältst du noch durch? hörte ich sie mich fragen.

– Ja, antwortete ich.

Mir war schwindlig. Ich hatte entschieden, daß es völlig einerlei war, ob ich jetzt oder etwas später zu Boden gehen würde. Ich betrachtete ihre Beine; sie schritten eingestaubt; ein unerbittlicher Rhythmus, wie das Schreiten der Sonne und der anderen Sterne. Ringsum die Landschaft war ähnlich der Felsendarstellung auf der Ikone an der gekalkten Wand ihres Zimmers. Tief unten, in der Grube, glitzerten Marmorbruchstücke und blendeten die Augen. Ein dicker Block lag in der Mitte, darauf wartend, angehoben zu werden. Die Luft flimmerte

über diesem Schlot. Sie ging geradewegs nach unten; erst da drehte sie sich um und sah mir in die Augen:
– Stratis, hast du dir schon mal über den anderen Weg Gedanken gemacht; den oberen Weg? ...
Ich fragte mich, was sie meinte, ein fremder Wille beherrschte mich. Jetzt stand sie neben der Marmortreppe. Ihr Chiton war gebrannter Kalk.
– ... daß die Seelen einst den Tod abschaffen und wieder Haut und Lippen werden?
Sie war vor mir, dort, eine solche Flamme. Mein Hirn rang darum, zu erfahren, ob auch ich zusammen mit dem war, was ich sah. Ich schmerzte sehr, und der Schmerz breitete sich in meinem ganzen Körper aus; ich dachte, man würde mich zerreißen. Da fühlte ich einen Blitz die Zeit durchschneiden wie eine Schlange, mit einem Hieb. Ich sah die Asche des Leinens an der Stelle aufgehäuft, wo ihre Knöchel gewesen waren; *ich sah* einen Menschen auferstehen aus dem Schoß des Marmors.

Anhang

ANMERKUNGEN

Die folgenden Anmerkungen stützen sich auf jene des Herausgebers der griechischen Ausgabe G.P. Savidis, die hier unwesentlich gekürzt und für die vorliegende Ausgabe ergänzt bzw. um weitere Einträge bereichert wurden.

Motto » ... daß Schatten so wie Körper ich behandle.«

SEITE 14

Seinem Bild *Ansicht von Toledo* hat Theotokopoulos eine Erklärung beigegeben, deren ersten Teil Seferis in den dreißiger Jahren ins Neugriechische übersetzte und einer seiner Gedichtsammlungen zuordnete: »Ich sah mich vor die Notwendigkeit gestellt, das Krankenhaus des Don Juan Taverra als Modell einzusetzen, nicht nur weil es das Tor von Visagra verdeckt hätte, sondern auch weil seine Kuppel die Stadt überragte; und da ich es nun schon mal als Modell in das Bild eingebaut und es von seinem eigentlichen Ort wegbewegt hatte, schien es mir vorteilhafter, es von vorn zu zeigen, statt von irgendeiner anderen Seite. Was seinen Standort innerhalb der Stadt angeht, so kann man diesen auf jedem Stadtplan finden.«

Flüchtlinge (s.a. S. 18 *Emigranten*, S. 19 *Kleinasiatische Katastrophe*, S. 20 *nationale Katastrophe* usw.): Die sogenannte Kleinasiatische Katastrophe von 1922 beeinflußte wie kaum ein anderes historisches Ereignis die gesellschaftliche und kulturelle Entwicklung Griechenlands im 20. Jahrhundert. 1922 erlitt die griechische Armee auf ihrem Invasionsfeldzug gegen die Türkei eine vernichtende Niederlage durch die Truppen Kemal Atatürks und mußte sich vollständig zurückziehen. Der daraufhin 1923 unterschriebene Friedensvertrag von Lausanne führte zu einem Bevölkerungstausch, der 1,5 Millionen Griechen zwang, die kleinasiatische Küste der Türkei zu verlassen und nach Griechenland umzusiedeln, wo die meisten von ihnen viele Jahre lang in riesigen Slums außerhalb Athens lebten. Im Bewußtsein vieler Griechen, zu denen auch Seferis gehörte, dessen Familie ebenfalls aus Kleinasien stammte, war die Kleinasiatische Katastrophe die schwerste Prüfung für das Griechentum seit dem Fall Konstantinopels 1453. »Es passierte etwas Einzigartiges in Griechenlands dreitausendjähriger Geschichte: Das, was man ›die griechische Diaspora‹ oder das *Genos der Griechen* genannt hat, gab es nicht mehr. Zum ersten Mal konzentrierte sich das ganze Griechentum, außer einigen wenigen Ablegern, innerhalb der Grenzen des griechischen Staates. Ich fühlte in mir, daß dieses Phänomen das bedeutendste war, das die Periode, die mit den Kriegen von 1912 begonnen hatte, meiner Generation hinterließ ...« (Seferis, Manuskript September 1941).

SEITE 16

Monopetro: Kleine Insel nahe Skala bei Vurla (kleinasiatische Küste der Türkei). Skala, ein Vorort von Smyrna, war der Geburtsort von Seferis. Hier verbrachte er seine Kindheit bis 1914.

SEITE 17

»Eitle Prachtliebe...«: Mark Aurel, 7,3. (Alle Mark Aurel-Zitate in der Übersetzung von Albert Wittstock.)

SEITE 18

»Die Wunden ...«: »Plaies du brouillard sanguinolent« – Vers aus *La chanson du mal-aimé* von Apollinaire.

»Ich bitte ...«: Die letzten Sätze der *Apologie des Sokrates* von Platon.

Anytos: Heerführer Athens im 5. Jh. v. Chr. Setzte sich gegen Sokrates durch.

SEITE 20

»Ein Gesetz ...«: Aus dem Gedicht *Die Flöte des Königs* von Kostis Palamas (1859-1943).

»Le silence ...«: »Die ewige Stille dieser unermeßlichen Landschaften erschreckt mich« (aus Pascals *Pensées*).

SEITE 21

»les êtres ...«: »Die ausgedehnten Geschöpfe, die empfinden, die ausgedehnten Geschöpfe, die empfinden und denken, die vernunftbegabten Geschöpfe, die keine Ausdehnung haben, jene, die sich durchdringen, und jene anderen, die sich nicht durchdringen können ...« (aus Voltaires *Micromégas*, II).

SEITE 23

Mathios Paskalis: *Feu Mathias Pascal*, französischer Film von Marcel L'Herbier (1925) auf der Grundlage des Romans von Luigi Pirandello.

SEITE 26

ohne Hoffnung: Seferis bezieht sich auf Dantes Inferno (es spricht Vergil): »Du unterläßt zu fragen, / was es für Geister sind, die du hier siehest; / doch sollst du, eh wir weitergehn, vernehmen, / daß sie nicht sündigten. Und wenn Verdienste / sie hatten, genügt es nicht, weil ohne Taufe / sie starben, welche deines Glaubens Teil ist. / Und lebten sie noch *vor* dem Christentume, / so beteten zu Gott sie falscher Weise; / und diesen bin ich selber beizuzählen. / Ob solchen Mangels, nicht ob andren Fehles, / sind wir verloren, und nur dadurch leidend, / daß, ohne Hoffnung, wir in Sehnsucht leben.« (Inf. IV, 31-42)

SEITE 27

Pangalos-Diktatur: Pangalos (1878-1952), Militär und Politiker, errichtete am 4. 1. 1926 eine Diktatur, die bis zum 7.8.1926 bestand.

SEITE 29

Tofalos: Olympiasieger im Gewichtheben (1906).

Souris, Georgios (1853-1919): Satirischer Dichter.

Paul-Ambroise Valéry.

SEITE 36

Arthur Gordon Pym: Seferis bezieht sich auf den Roman *The Narrative of Arthur Gordon Pym* von Edgar Allan Poe. Bezüglich des *schrecklichen Schiffes* vgl. auch Seferis' Gedicht »Das Antlitz eines Tages« von 1928.

SEITE 37

Parisienne von Knossos: Die sogenannte »Kleine Pariserin« ist das wohl bekannteste Fresko aus Knossos. Das Teilstück aus einem Wandgemälde stellt eine geschminkte Frau dar (um 1.500 v. Chr.).

SEITE 39

Gorgo (Gorgone): Ursprünglich eine der drei Gorgonen aus der antiken Sagenwelt, deren Blick jeden, der sie ansah, zu Stein werden ließ. In der griechischen Volksmythologie wurde später daraus eine Gestalt, halb Frauenkörper, halb Fischschwanz.

SEITE 43

»Ja, sogar ...«: Mark Aurel, 6, 42.

SEITE 44

»Moi, cela ...«: »Mich interessiert das nicht, denn ich schreibe die *Sümpfe*« (aus André Gides *Paludes*).

SEITE 45

C'est...: Das ist die Akropolis!

»Ich bin seiend...«: Aus Paul Valérys »Der Abend mit Monsieur Teste«.

SEITE 46

»Und wenn ich ...«: Aus dem Gedicht »If« von Miltiadis Malakasis (1869-1943).

SEITE 48

Nabel... Omphalos: Stratis benutzt für das Wort Nabel einmal das neu-

griechische (afalos) und beim Zitat das altgriechische (omphalos) Wort.
»Auf rings ...«: *Odyssee*, 1, 50 (Alle Homer-Zitate in der Übersetzung von Roland Hampe, Stuttgart 1979).

SEITE 49

... tsimbouki: 1. die Stenge, seemännisch für die obere Verlängerung eines Mastes; 2. Oralsex.

SEITE 50

Aman ... Aman ... Amanes (s.a. *Kaffee-Aman* S. 86): »Aman!« ist ein Ausruf, ähnlich dem deutschen »Weh!«, der in einer bestimmten Liedtradition (Rebetiko) aus Kleinasien als Füllsel in improvisierten Liedern, den »Amanes«, gebraucht wurde, bis die Sängerin sich die nächste Strophe hatte einfallen lassen. Diese kleinasiatischen Lieder wurden von den Emigranten in besonderen Kaffeehäusern, den »Kaffee-Aman«, gesungen.

SEITE 51

Zwölf Evangelien: Die vom Priester während des Abendgottesdienstes am Gründonnerstag vorgetragenen zwölf Abschnitte aus den vier Evangelien, in denen die Passionsgeschichte erzählt wird.

SEITE 57

»Der Wald ...«: Erster Vers des Gedichts »Der Baum« von Miltiadis Malakasis (aus dem Band *Bruchstücke*).
»Ich muß größer ...«: »Il faut qu'il croisse et que je diminue« (aus André Gides *Le Prométhée mal enchaîné*, I, wobei diesen Satz dort nicht der Adler, sondern Prometheus spricht).

SEITE 65

Psycharis, Ioanis (1854-1929): Philologe und Schriftsteller.

SEITE 66

» Von etwa halb elf ...«: Aus Pascals *Le Mémorial*.

SEITE 68

»Fabrice oubliait ...«: »Fabricius vergaß völlig, unglücklich zu sein« (aus Stendhals *Die Kartause von Parma*, Kapitel XV).
»Maman ...«: »Mama, es herrscht starker Nebel.«

SEITE 69

Fuskos: der Aufgeblähte, bewußte Verballhornung des Namens Fustos.

SEITE 71

Weh ihnen ...: Judas, 11-12.

SEITE 72

Seht euch um ...: Vgl. Offenbarung, 14,8.

SEITE 77

»Retournons ...«: »Kehren wir zu unserem Thema zurück. – Zu welchem? Dem Scheißen? – Nein, nur dem Arschabwischen.« (aus François Rabelais' *Gargantua*, Kapitel XIII).

SEITE 82

Aivali: Ehemals griechischer Ort an der kleinasiatischen Küste (Türkei). Domna gehört zu den Flüchtlingen, die in den zwanziger Jahren die Türkei verlassen mußten.

SEITE 90

... der zu keimen beginnt ... der zu fluchen beginnt: Wortspiel mit vlastisi (keimen, sprießen) und vlastimisi (fluchen).

SEITE 92

»Niemand kann ...«: Matthäus, 6,24.

SEITE 94

Höhle von Agios Jannis: Unterirdische Höhle auf der Insel Agios Jannis bei Vurla in der Nähe von Smyrna.

SEITE 100

Valencia: Ein ausländischer Erfolgsschlager jener Jahre.

SEITE 106

... du bist es, die du verführerische Reden verbreitest ...: Vgl. Offenbarung, 2,21.

SEITE 113

Wir sind ...: Lied aus einer Musik-Revue des Jahres 1928.

SEITE 114

... Agrios ... Gevafrenakopulos: Das Wort »agrios« bedeutet wild, »frenikos« irrsinnig oder geisteskrank.

SEITE 120

Makrijannis, Ioanis (1797-1864): General der griechischen Aufständischen während der Erhebung gegen die osmanische Herrschaft Mitte des 19. Jahrhunderts. Verfaßte ab 1829 seine »Memoiren«, die Seferis als eines der bedeutendsten literarischen Zeugnisse des neueren Griechenlands ansah.

SEITE 156

Ich habe mein Kleid ...: Das Hohelied, V, 3-4.

SEITE 158

»Deine Haare sind wie eine Herde Ziegen ...«: Vgl. Das Hohelied, IV, 1 sowie VI, 5.

SEITE 162
»Audax Hecate! ...«: »Mutige Hekate« (aus Senecas *Medea*, 841).
»Tibi nudato pectore«: »Für dich, mit entblößter Brust« (ebd., 805-806).
SEITE 163
Lucius: Held des Romans *De asino aureo* von Apuleius.
SEITE 164
»Und seine Füße ...«: Offenbarung, 1,15 und 2,18.
SEITE 165
Louis, Spiros (1870-1940): Erster griechischer Olympiasieger 1896 im Marathonlauf.
Niemand: Odysseus sagte dem einäugigen Riesen Polyphem, er heiße Niemand, um ihn zu überlisten und zu entfliehen (vgl. *Odyssee*, 9, 360 ff.)
SEITE 167
Verlorene Zeit: Gemeint ist das Buch *Auf der Suche nach der verlorenen Zeit* von Marcel Proust.
SEITE 178
Tamides: Name entlehnt aus dem Kavafis-Gedicht »In den Schenken«.
SEITE 180
Trikupis und Delijannis: Charilaos Trikupis (1832-1896) und Theodoros Delijannis (1820-1905) waren bedeutende griechische Politiker und Parteiführer Ende des 19. Jahrhunderts.
SEITE 181
alle sfacciate ...: »den Florentiner schamlosen Weibern untersagt, die Brüste / bis zu den Warzen unverdeckt zu zeigen« (aus Dantes *Purgatorium*, XXIII, 101-102).
SEITE 191
Von den Gliedern ...: *Odyssee*, 10, 393-396. (Alle Homer-Zitate in der Übersetzung von Dietrich Ebener.)
SEITE 194
Der Mittag ...: *Odyssee*, 4,450-461.
SEITE 205
»Längs des Okeanos ...: *Odyssee*, 24, 11-12.
SEITE 214
Erotokritos: Zwischen 1635 und 1648 auf Kreta entstandenes Liebesepos von Visentzos Kornaros.

DATEN UND MONDE VON 1928

| = Erzählung
– = Tagebuch
+ = Erzählung & Tagebuch
~ = Über diesen Tag wird später berichtet werden.

März

7	Mi	|	Anfang – Bei Salome 
8	Do	–	Traum
9	Fr	–	»Prachtliebe«
10	Sa	–	Tölpel – Volksstamm
11	So	–	Plaies du brouillard
12	Mo	–	Emigrant, Insel
13	Die	–	Sokrates
14	Mi	–	Dieses Ergriffensein
15	Do	–	Schicksal
16	Fr	~	
17	Sa	–	Nikolas – Sindagma
18	So	–	Salome Galatsi
19	Mo		
20	Die	–	Besuch Nondas
21	Mi		
22	Do	|	Kino – Nikolas, seine Rede über den Freundeskreis
23	Fr		
24	Sa	–	Roman
25	So	–	Botschaft Salomes – Rekapitulation
26	Mo		
27	Die	–	Amiel
28	Mi		
29	Do		
30	Fr		
31	Sa	–	Kartenlegerin

April

1	So	–	Palmsonntag – Kessariani mit Salome
2	Mo		
3	Die	–	»Schlafenden«

4 Mi – Lykabettos
5 Do | AKROPOLIS
6 Fr | Bei Salome – danach Epitaph
7 Sa
8 So
9 Mo
10 Die
11 Mi
12 Do
13 Fr
14 Sa
15 So
16 Mo
17 Die
18 Mi
19 Do
20 Fr – Selva oscura
21 Sa – Patission-Traum
22 So – Erinnerung Paris
23 Mo – Kunst ahmt nicht nach
24 Die – Psycharis
25 Mi – Atem
26 Do – Horizonte
27 Fr – Gesten Stein
28 Sa – Adern öffnen
29 So – Bordelle
30 Mo – Dinge

Mai
1 Die – Frühling entgegengesetzt
2 Mi – Salome keine Nachricht
3 Do – FEUER
4 Fr | 2. Satan, Bordell, Domna
5 Sa | Brief aus Paris, Monolog Akropolis
6 So – [Botschaft Salomes]
7 Mo – [Logbuch]
8 Die – Giorgis
9 Mi – [Ein paar Zeilen]

10 Do – [Viertel von früher her]
11 Fr – [Schreckliches Erwachen]
12 Sa – Wachtraum – Nachricht Salomes
13 So ~
14 Mo – Mit Salome auf dem Platz der Freiheit
15 Die – [Die Erniedrigung]
16 Mi – [Bei Salome]
17 Do – [Eteokles und Polyneikes]
18 Fr
19 Sa – Bei Salome
20 So – Marussi
21 Mo – [Schwierig, schwierig]
22 Die – [Schaufenster]
23 Mi – [Mit Salome]
24 Do – [Taumel]
25 Fr – [Schlaflosigkeit]
26 Sa – Trennung
27 So – Plaka Spaziergang
28 Mo – [Nelken]
29 Die – [Rhythmus]
30 Mi – Im leeren Haus
31 Do

Juni
1 Fr – Brief Sphinx
2 Sa + Bei Longomanos
Plaka Taverne
Johanan
3 So
4 Mo
5 Die
6 Mi
7 Do
8 Fr
9 Sa
10 So
11 Mo
12 Die

13 Mi
14 Do
15 Fr
16 Sa | Verrückte Holzfäller
Bei Lala, Sphinx
Salome. Bei Salome
Akropolis. Sonne
17 So ~
18 Mo
19 Die
20 Mi
21 Do
22 Fr
23 Sa
24 So –
25 Mo
26 Die
27 Mi
28 Do
29 Fr
30 Sa

Juli
1 So
2 Mo
3 Die – Salome – Stratis, Marmortreppe
4 Mi
5 Do
6 Fr
7 Sa
8 So
9 Mo
10 Die
11 Mi
12 Do
13 Fr
14 Sa
15 So

16	Mo		
17	Die	|	Bei Nondas, dann bei Sphinx. Gesang – Herz As
18	Mi		
19	Do		
20	Fr		
21	Sa		
22	So		
23	Mo		
24	Die		
25	Mi	|	Bei Longomanos, dessen Wutanfall
26	Do		
27	Fr	|	Sphinx zu Stratis
28	Sa	–	[Offerte des Seelenfriedens]
29	So		
30	Mo	–	GESTERN
31	Die	–	Bilio fuhr weg

August

1	Mi	+	Piräus – Bei Sphinx, Lalas Kleid. Die drei auf die Akropolis – Tamides, Kula – Bei Lala in Kifissia
2	Do		
3	Fr		
4	Sa		
5	So		
6	Mo		
7	Die		
8	Mi		
9	Do		
10	Fr		
11	Sa		
12	So		
13	Mo	–	Stratis, Nikolas Faliro
14	Die		
15	Mi	–	Stratis reist
16	Do	–	Am Morgen auf dem Schiff
17	Fr	–	Gestern Sotiris
18	Sa	–	Proteus

19	So	–	Sotiris
20	Mo	–	[Auf dem Berg]
21	Die	–	[Verbrannter Felsen]
22	Mi		
23	Do	|	Beichte Stratis
24	Fr		Bilios Abfahrt
25	Sa		
26	So		
27	Mo		
28	Die		
29	Mi	|	Lala: »Salome starb gestern« usw.
30	Do	|	Stratis, Lala fahren weg
31	Fr	|	Athen

September

1	Sa	|	In Kifissia bei Lala
2	So	–	Stratis' Tagebuch

1. + 2. Nacht Bis zur S. 62 Vestibulo
S. 63 *in jenem dunklen Wald* – »per una selva oscura« (Inf. I, 2)
S. 67 Obolus: Charon: Tamides
Treten Sie ein! ... – »Der Eingang bin ich zu der Stadt der Schmerzen, / der Eingang bin ich zu den ew'gen Qualen, / der Eingang bin ich zum verlornen Volke.« (Inf. III, 1-3)
S. 85 *Ein ohrenbetäubender Lärm drang in Stratis' benebeltes Hirn* ... – »Es brach den tiefen Schlaf in meinem Haupte / ein Donnerschlag, von dem ich jäh emporfuhr, / gleich einem, den gewaltsam man erwekket.« (Inf. IV, 1-3)

3. Nacht Motiv des Hungers beginnt ab Giorgis, S. 92
S. 114 *haben die Tore abgeschlossen und die Schlüssel in die Ägäis geworfen* und S. 120 *Die Festung will jetzt jene fressen, die vordem sie gefressen haben* –
vgl. Inf. XXXIII, Anfang: Ugolino – »When Guido of Montefeltro took command of the Pisan forces ... the keys of the prison were thrown into the river and the captives left to starve« (Note on Ugolino)

4. Nacht Durstmotiv
S. 125 *Man könnte denken, diese (Sterne) da reiben die Nasen gegeneinander* –
»So sieht in ihrer braunen Schar man eine / Ameise Maul an Maul die andre grüßen, / wohlum, wohin es geht, und wie zu hören.« (Purg. XXVI, 34-36)
S. 125 *Ihr Schicksal ist hermaphroditisch* und *Doch unsre Sünde war hermaphroditisch* (ebd., 82)
S. 129 *Sodom und Gomorrha* – vgl. ebd., 40
S. 136 *Ich habe Durst*: »Wir alle dürsten mehr danach, als Inder / und Mohren sich nach kaltem Wasser sehnen.« (ebd., 20-21)
S. 139 *die jungen Wölfe*: »wir Tieren gleich der schnöden Lust gehorchten« (ebd., 84)
S. 139 *Gleich einem Bauern* ...: »Nicht anders steht betroffen und verwirrt / der Bergbewohner und verstummt im Schauen« (ebd., 67-68)
S. 140 *Ich will nicht die Haut eines andern tragen* ...: »›Pasiphae

steigt in die Kuh‹, die andre, / ›damit der Stier sich ihrer Geilheit füge.‹« (ebd., 41-42)

S. 145 *Vergiß mich nicht*: »die euch zum Gipfel führt von diesen Stufen, / daß ihr beizeiten meines Leids gedenket« (ebd., 146-147)

S. 145 *die Sonne gleißend*: »... Feuer, das sie läutert« (ebd., 148)

S. 159 *sie krempelte sich die Ärmel auf, um ein Hexengebräu anzurühren* und S. 176 *sind das Finger zum Strümpfestopfen*: »Sieh die Verkehrten, die, um wahrzusagen, / die Nadel ließen, wie die Spul und Spindel, / und Zauberei mit Bild und Kräutern trieben.« (Inf. XX, 121-123)

S. 176 *Da, Kains Gesicht* und *stachliger*: »Kain mit dem Dornbusch« (ebd., 126)

S. 176 *Schwesterlein* – Kirke, Schwester der Pasiphae: »den Florentiner schamlosen Weibern untersagt, die Brüste / bis zu den Warzen unverdeckt zu zeigen« (Purg. XXIII, 101-102)

S. 217 »die Liebe, die kreisen macht die Sonne wie die Sterne« (Par. XXXIII, 145)

»da wurde plötzlich wie von einem Blitze / mein Geist durchzuckt, und das Ersehnte kam« (Par. XXXIII, 140-141)

»daß Schatten so wie Körper ich behandle« (Purg. XXI, 136)

1. Einleitung
2. Von Anfang an: Hölle
3. Hölle (Ugolino – Hunger)
4. Fegefeuer (Durst – Ermafrodito – Poi s'ascose)
5. Fegefeuer (Durst – Lala)
6. Fegefeuer mit einem Lichtstrahl Paradies (Auferstehung)

Das Nahen des »letzten Tages« ist das vorherrschende Gefühl in den »Sechs Nächten auf der Akropolis«. Stratis, sicher kein Abziehbild seines Autors, sondern eher eines mehr oder weniger entfernten Verwandten, durchlebt die Wochen und Monate des Jahres 1928 in einem fast tranceartigen Zustand. Nicht er allein befindet sich in einer existentiellen Sackgasse, ganz Griechenland, in das er vor kurzem aus London zurückgekehrt ist, ergeht es ähnlich. Für Stratis, Nikolas, die Sphinx und all die anderen phantasmagorischen Gestalten dieses Romans scheint jeder Tag der letzte zu sein, zukunftslos. Vor der hintergründigen Gewißheit des Untergangs zerrinnt jede ihrer Gesten, jedes Gespräch wird zur leeren Phrase oder, wenn man so will, zu Lyrik: Da kein Tag in Stratis' Wirklichkeit »gelebt« wird, kann auch der letzte Tag, falls er kommen sollte, nicht gelebt werden. Zwangsläufig findet Salome, das einzige lebendige »Molekül« des Romans, den Tod. Denn Athen ist krank, wie Seferis in seinem Tagebuch im November 1927 festhält: »Es müssen nicht nur sechs oder sieben Personen auf der Akropolis sein; es können unzählige sein, durcheinandergewürfelt... Der Grundgedanke ist die Krankheit Athens, die Krankheit, die von Athen ausgeht, nicht die Vorstellung des einen oder andern Typs.« So entpuppt sich ausgerechnet die Stadt der Städte als Hort der absoluten Kommunikationslosigkeit, und der Roman handelt vom vergeblichen Versuch eines »Freundeskreises«, diese in der abgehobenen Sphäre der vom Vollmond beschienenen Akropolis zu überwinden. Athen jedoch zieht sie erbarmungslos hinab in eine unergründbare Sinnleere. Kein Kampf dagegen, keine Spur von Widerstand, nur »kleine alltägliche Selbstmorde«.

In einer Tagebucheintragung vom 6. 9. 1935 charakterisiert Seferis, der mit diesem Roman die Lebensphilosophie jener Jahre eindringlich skizziert, seine »geopferte Generation« rückblickend wie folgt: »Eine Generation, deren Jugend von

einem Krieg geprägt wurde. Die für ihr reifes Alter einen neuen Krieg erwartet. Die seit dem ersten Krieg von einer zuvor unbekannten Unruhe erfaßt wurde, von einem Gefühl, daß jedes Fundament, bis tief in Seele und Geist zersetzt, zu Staub zerfallen ist; daß alles in wenigen Augenblicken zusammenstürzen kann; daß sie es endlich, nach Jahren voller Zweifel, geschafft hat, diese Erschütterung abzuwehren; daß sie weiß, daß ihr keine Kräfte mehr blieben, diese Ablehnung, diese Verteidigung zu überwinden, um den eigenen Standpunkt zu finden – daß sie keine Zeit mehr hat bis zu dem nächsten Krieg, der kommt.«
Und dann folgt der Schlüsselsatz, der dem Roman als Motto dienen könnte: »Eine Generation der Dunkelheit, völlig den dunklen Seiten des Menschen zugewandt, die allein ihr das Gefühl der Existenz zu geben vermögen. In unserer Epoche tötet das Licht.« Sogar das des Vollmonds, wie der Tod von Salome zeigt.

Die »Sechs Nächte auf der Akropolis« handeln von Stratis' Einsamkeit. Und obwohl nicht deckungsgleich, ist dies auch der »absolute Punkt« (Tagebuch, 8. 8. 25) des Autors. Seferis, der am 13. März 1900, in »unserem tyrannisierten und zerstückelten Jahrhundert«, in der kleinasiatischen Stadt Smyrna als Sohn eines Rechtsanwalts und Dichters Geborene, der nach Abschluß eines Athener Gymnasiums mit seiner Mutter und seinen beiden Geschwistern 1918 dem Vater nach Paris folgt, in der französischen Hauptstadt von 1919 bis 1924 Jura studiert und anschließend in London sein Englisch verbessert, kehrt 1925 nach Athen zurück und versucht – vergeblich, wie man seinen Tagebüchern und diesem Roman entnehmen kann –, Griechenland als geistige Heimat zu finden. Noch 1936 ist Griechenland für ihn »ein Alptraum mit wenigen lichten Augenblicken voll Sehnsucht. Sehnsucht haben nach deinem Land, da du in deinem Land lebst, es gibt nichts, was bitterer ist.«

Solche Sätze kann man immer wieder finden. Dieses Allein-Sein hat ihm schwer zu schaffen gemacht, denn Seferis, ein grüblerischer Einzelgänger, der zu allen politischen Gruppierungen und Parteien ein gebrochenes Verhältnis hat, der schon früh die Fatalität ahnt, die Europa in den zweiten Weltkrieg treibt, dient ab 1926 als Attaché, Pressesprecher und, später, als Botschafter dem griechischen Staat, mit dem keine Identifikation möglich ist, und einem politischen System, dessen verbrecherische Verantwortungslosigkeit er sarkastisch umschreibt: »Es ist einfacher, daß ein Kamel durch ein Nadelöhr geht, als daß ein griechischer Politiker Griechenland begreift.«

Das notiert er im Dezember 1937, zu einer Zeit, da er bemüht ist, durch die Loslösung der Idee des »Hellenismus« vom realen Hellas sich einen neuen theoretischen Zugang zu seinem Griechenland zu verschaffen. Und um jedes Mißverständnis von vornherein auszuräumen, erklärt er: »Hellenismus – als Idee der menschlichen Würde und Freiheit, nicht als historischer Begriff« (5. 1. 38)

Doch die politische Realität hatte ihn längst überrollt: Bereits 1936 war General Metaxas durch einen Putsch an die Macht gekommen und beschwor die »Dritte Hellenische Zivilisation«, das »Neue Perikleische Zeitalter«. Die herrschende »Morbidität«, ein Wort, das Seferis oft verwendet, begleitet des Dichters ganzes Leben: 1941 die Zusammenarbeit vieler ehemaliger Regierungsbeamter mit der deutschen Besatzungsmacht, 1944 der organisierte Bürgerkrieg, Mitte der fünfziger Jahre die englische Zypernpolitik, 1967 der Militärputsch der Obristen. Das wichtigste Verbrechen am Griechentum war für ihn das Versagen der Herrschenden in der Türkeipolitik, die Anfang der zwanziger Jahre zur Kleinasiatischen Katastrophe führte, zur Ausbürgerung von anderthalb Millionen Griechen aus der kleinasiatischen Region ins Mutterland – einer der wichtigsten Gründe für die oben beschriebene Krankheit Athens.

Man muß dieses Leiden an Griechenland nicht unbedingt als

strukturbestimmend für Seferis' Texte ansehen, es übt jedoch einen außerordentlichen Einfluß auf sie aus. Sein Schreiben erhält mit den Jahren zunehmend einen autobiographischen Charakter, bis hin zu der Konsequenz, daß er drei seiner Gedichtbände *Logbücher* nennt. In den »Sechs Nächten« übernimmt Seferis Eintragungen aus seinem Tagebuch, um damit die Zeitatmosphäre und die Stimmung jener Jahre authentisch wiederzugeben.

Die Suche nach Griechenland, die ihm etwas Notwendiges war, Orientierung in einer undurchschaubaren Welt, führt zu einem Pessimismus, der keinen Augenblick des Nicht-Schmerzes, des Nicht-Verlustes zuläßt. Man stößt bei Seferis auf kaum eine Zeile, die seelische Ruhe oder unbedrohte Freude vermittelt – und wenn dann nur als Ausdruck eines längst entschwundenen Zustands der Kindheit. Aber seine Texte charakterisiert – anders als die seines berühmten Zeitgenossen und Freundes T. S. Eliot – trotz Pessimismus und Resignation ein Glaube an das Gute oder, anders ausgedrückt, ein Moment des Utopischen, das 1963 in der Rede zur Verleihung des Nobelpreises für Literatur ausformuliert wird: »Wir müssen den Menschen suchen, wo er sich auch befindet.« Und genau diese Suche, die Hoffnung, im Menschen (bzw. Leser) vielleicht oder gerade durch die Kunst einen Widerstand gegen alles Unmenschliche (das Nicht-Leben) aufzubauen, ist der Punkt, worauf die Anstrengung des Schriftstellers abzielen soll.

In einem Essay von 1936 reagiert Seferis auf Paul Valéry, dessen Dichtung großen Einfluß auf ihn ausgeübt und der gefordert hatte, den Elfenbeinturm wiederaufzubauen, unmißverständlich: »In einer Epoche, in der sogar die Götter orthodox geworden sind und eine frische Blutspur hinterlassen, bin ich sehr neugierig zu erfahren, was wir in diesem Gebäude überhaupt machen sollen.« Seferis schlägt vor, dem Elfenbeinturm einen anderen Namen zu geben: den der »Werkstatt« – einer Werkstatt, wo der Dichter anständig seine Arbeit machen könne, was einer riesigen Anstrengung bedürfe, deren Ziel Seferis mit »Präzision« umschreibt. Unter den Bedingungen des Verfalls der Zivilisation scheint dem Dichter die Präsentation des Textes als formale oder inhaltliche Totalität, als intaktes Weltbild, demagogisch und verantwortungslos zu sein. Die »Werkstatt« wird zur »Poetik« ausgebaut: Seferis arbeitet in die »Sechs Nächte« nicht nur Tagebuchaufzeichnungen ein, sondern auch seine Schwierigkeiten mit dem Text selbst; aber auch das Metrum in seiner Lyrik wird mit den Jahren immer freier und zerfasert, der Reim taugt nur noch in Einzelfällen zur formalen Klammer für die scheinbar oder tatsächlich zusammenhanglosen Momente des zerfließenden Lebens. Was am Schluß des Romans bleibt, ist die Hoffnung von Stratis, doch noch einen Menschen gefunden zu haben, einen Sinn.

Die »Sechs Nächte« entstanden Ende der zwanziger Jahre und wurden 1954 beendet. Unter dem maschinengeschriebenen Manuskript findet sich folgende Bemerkung: »Im Januar 1954 fand ich, als ich Ordnung in meine alten Manuskripte bringen wollte, einen Umschlag mit Texten aus den Jahren 1926-1928. Sie gehörten zu einer bereits weit fortgeschrittenen Erzählung, einem ›Roman‹, wie ich sie damals nannte. Mir kam die gewagte Idee, sie miteinander zu verbinden und so zu gruppieren, daß man sie im Zusammenhang lesen konnte. Das nahm mich ganz ein, wobei ich das vorliegende Resultat nicht zu veröffentlichen gedenke. Bei der Arbeit habe ich sorgsam darauf geachtet, meinem damals Geschriebenen treu zu bleiben und Gedanken auszuschließen, die Personen oder Ereignisse in mir nach 1930 ausgelöst haben könnten. Der Handlungszeitraum liegt zwischen 1925 und 1927, die Vollmonde gehören zum Jahr 1928; ich habe sprachliche Veränderungen aus Gründen der Harmonisierung vorgenommen. Überflüssig, zu betonen, daß alle Personen Geschöpfe der Phantasie sind. 15. August 1954.«

Und unter dem handschriftlichen Manuskript konkretisiert er: »Ich begann damit im Sommer 1926 (in der Nacht vom 26. Mai), es wurde weitergeführt und erlosch ungefähr 1930.
Zweite Niederschrift: Beirut, 9. Januar - 15. August 1954.
Die Grundlage des Textes sind die Jahre 1925-1926 sowie bis zum Ende des Jahres 1927. Es gibt einige spätere Begebenheiten, aber keine nach 1930. Die Datumsangaben, die Wochentage und die Monde gehören zum Jahr 1928. Die Osterwoche vom Datum her zufällig (?). Die Psychologie bleibt in der Periode 1925-28. Das ist es: An diesem Punkt könnte es vernichtet oder leicht (wenn Zeit dafür wäre) zu fünf Bänden ausgebaut werden. Beirut, 15. August 1954.«
Schließlich steht auf einem später gefundenen Umschlag: »Sechs Nächte auf der Akropolis, Anmerkungen zu einer ›Romanze‹, 1927-1930.«
Und auf der Titelseite dieses Manuskripts:

Sechs Nächte auf der Akropolis
Ideologische Phantasmagorie
oder
phantasmagorische Ideologie

Im Anhang dieses Buchs sind zwei Aufstellungen von Seferis wiedergegeben, die die Struktur des Romans offenlegen, zum einen die Daten und Monde des Jahres 1928, in dem die Handlung sich abspielt, zum anderen die »unsichtbare« Grundlage des Romans, Dantes »Göttliche Komödie«. Beide Texte können als Wegweiser durch diesen Roman dienen, von dem Seferis selbst nicht wußte, ob er veröffentlicht werden sollte. Entgegen seiner Bemerkung vom 15. 8. 1954 finden sich am Ende des Manuskripts genaue Angaben zum Druck des Romans, vom Buchlayout bis hin zu Zeichensatz und Schriftgröße, was zeigt, daß an dessen Veröffentlichung zumindest gedacht war.

In unserer Übersetzung haben wir versucht, die gegenständliche Sprache von Seferis ins Deutsche hinüberzuretten, und uns für einen eher »modernen« Ton entschieden. Die Interpunktion folgt in vielen Fällen (z. B. im häufigen Gebrauch des Semikolons) der des Autors.

Asteris Kutulas — Berlin & Athen, 1986/95

INHALT

Suhrkamp Verlag GmbH
Torstraße 44, 10119 Berlin
info@suhrkamp.de
www.suhrkamp.de